대바늘과 코바늘로 뜨는

손뜨개 꽃
100송이

대바늘과 코바늘로 뜨는

손뜨개 꽃 100송이

레슬리 스탠필드 지음 | 조진경 옮김

J&P

손뜨개 꽃 100송이

지은이 | 레슬리 스탠필드
옮긴이 | 조진경
펴낸이 | 한병화
편 집 | 김채은
디자인 | 정희진

초판 발행 | 2011년 8월 15일
재판 발행 | 2013년 3월 15일

펴낸곳 | 도서출판 J&P
등 록 | 2003년 12월 2일(제 300-2003-214호)
주 소 | 서울시 종로구 평창동 296-2
        (서울특별시 종로구 평창2길 3, (평창동))
전 화 | 02-396-3040
팩 스 | 02-396-3044
전자우편 | webmaster@yekyong.com
홈페이지 | http://www.yekyong.com
ISBN 978-89-90651-22-8(13590)

100 flowers to knit&crochet
© 2009 Quarto Publishing plc
Korean translation copyright © 2011 Joy&Pleasure Press Co. All right reserved.

이 책의 한국어판 저작권 및 출판권은 에이전시 원을 통한 저작권자와의 독점 계약으로 도서출판 J&P에 있습니다. 신저작권법에 의해 한국 내에서 보호를 받는 저작물이므로 무단전재와 복제를 금합니다.

정신적 즐거움(Joy), 몸의 즐거움(Pleasure) 모두를 추구하는 도서출판 J&P는 도서출판 예경의 출판 브랜드입니다.

책값은 뒤표지에 있습니다.

차 례

머리말 6
이 책에 대하여 6-7

1 시작하기 전에 8
　재료오· 도구 10
　코바늘뜨기 기호 12
　기본 뜨개법과 약어 14
　뜨개실의 종류와 편물 관리법 15
　대바늘뜨기, 알아두세요 16
　코바늘뜨기, 알아두세요 18

2 완성 작품들 보기 20
　꽃 22
　잎사구 42
　과일고· 채소 44

3 실전 뜨기 46
　대바늘뜨기
　　초급 디자인 48
　　중급 디자인 54
　　고급 디자인 62

　코바늘즈기
　　초급 디자인 66
　　중급 디자인 74
　　고급 디자인 92

4 응용하기 108
　작품 01 ¦ 빨래집게 주머니 110
　작품 02 ¦ 핸드백 112
　작품 03 ¦ 수첩 114
　작품 04 ¦ 크리스마스 선물 포장 115
　작품 05 ¦ 아기 카디건 116
　작품 06 ¦ 머플러 118
　작품 07 ¦ 캔버스화 119
　작품 08 ¦ 러플 120
　작품 09 ¦ 테이블 장식 122
　작품 10 ¦ 장바구니 124

찾아보기 126
저자/역자 소개 128

머리말 꽃을 뜨는 기쁨을 누리세요

뜨개질을 즐기고 꽃을 사랑하는 사람들을 위해 대바늘과 코바늘로 뜰 수 있는 예쁜 디자인의 꽃과 잎사귀, 과일, 채소, 곤충들을 모아놓았어요. 자연의 세계를 아주 세세한 부분까지 뜨개질로 표현하는 것은 어렵습니다. 식물학자에게는 특히 어려운 문제가 되겠지요. 그러나 저는 애정 어린 시선으로, 때로는 가볍게 보고 단순하게 표현해봤어요.

여기에 실린 작품들은 복잡하게 멋을 내서 뜬 것이 아니라 단순하게 디자인한 것입니다. 따라서 기초적인 방법만 알면 거의 모든 작품을 따라 뜰 수 있을 거예요. 뜨개실은 꽃을 표현하는 데 정말 좋은 재료이고, 철사를 사용하지 않았기 때문에 어린 아이들이 마음껏 만져도 되지요. 저는 이런 작은 소품을 만들면서 아주 큰 기쁨을 느낍니다. 여러분도 이 기쁨을 함께 느낄 수 있다면 좋겠네요!

레슬리 스탠필드

이 책에 대하여

이 책에는 대바늘과 코바늘로 뜰 수 있는 예쁜 동식물 도안이 실려 있습니다. 뜨개질로 완성된 소품을 이용해 옷과 선물 포장, 액세서리는 물론 다양한 물건을 아름답게 장식할 수 있습니다.

1장: 시작하기 전에 (8-19쪽)

처음에는 뜨개실과 대바늘, 코바늘, 기호, 약어와 용어 등 대바늘뜨기와 코바늘뜨기에 대한 기본 내용부터 설명합니다. 그리고 본문에 나오는 기본코 만들기, 즉 실제로 뜨개질을 시작하는 데 필요한 방법들도 대부분 설명하고요.

2장: 완성 작품들 보기 (20-45쪽)

2장에서는 아름답게 디자인한 동식물 100가지를 소개합니다. 디자인은 꽃송이, 잎사귀, 과일과 채소로 분류되어 있으며 나비와 벌 같은 곤충도 들어 있어요. 코바늘뜨기 작품과 대바늘뜨기 작품을 따로 구분하지는 않았습니다. 화려한 디자인을 눈으로 즐기면서 어떤 것을 만들지 정한 후 뒤에 실린 뜨는 법을 보면 됩니다.

대바늘과 코바늘로 뜬 각각의 꽃송이에는 번호가 매겨져 있어서 3장 실전 뜨기(46-107쪽)에서 쉽게 찾아볼 수 있어요.

이 책에 실린 각각의 작품은 실물 크기예요.

3장: 실전 뜨기 (46-107쪽)

여기에서는 2장에 나와 있는 꽃들을 실제로 뜨는 법을 알려줍니다.
디자인은 크게 대바늘뜨기와 코바늘뜨기로 나누고 각각 초급, 중급, 고급 단계로 다시 나누어서
쉽게 따라 할 수 있으며, 뜨는 법을 디자인 별로 처음부터 끝까지 자세하게 설명했습니다.

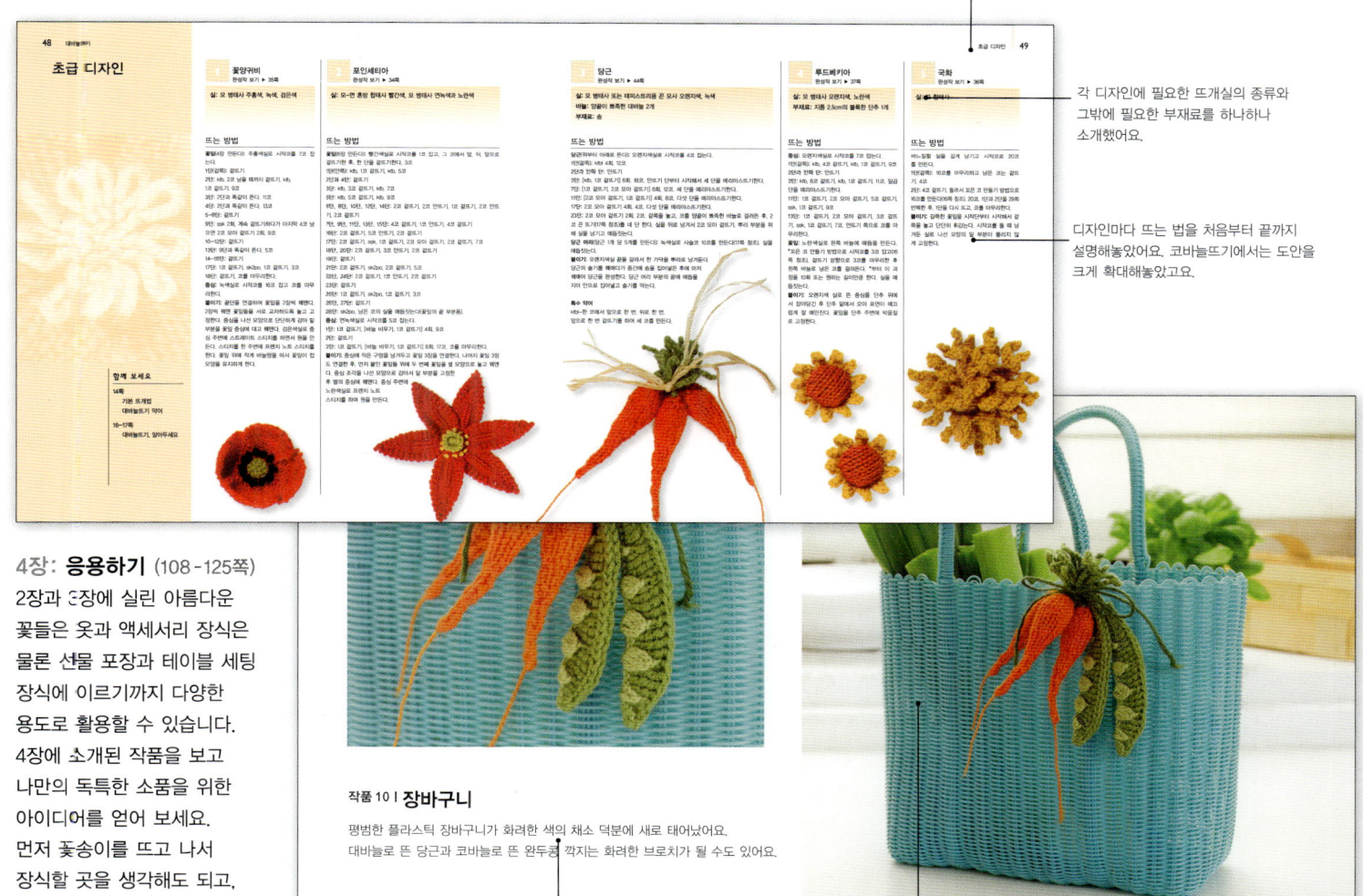

대바늘뜨기와 코바늘뜨기의 모든 디자인은 뜨개질 수준에 따라 초급, 중급, 고급 단계로 나누어요.

각 디자인에 필요한 뜨개실의 종류와 그밖에 필요한 부재료를 하나하나 소개했어요.

디자인마다 뜨는 법을 처음부터 끝까지 설명해놓았어요. 코바늘뜨기에서는 도안을 크게 확대해놓았고요.

4장: 응용하기 (108-125쪽)

2장과 3장에 실린 아름다운 꽃들은 옷과 액세서리 장식은 물론 선물 포장과 테이블 세팅 장식에 이르기까지 다양한 용도로 활용할 수 있습니다. 4장에 소개된 작품을 보고 나만의 독특한 소품을 위한 아이디어를 얻어 보세요. 먼저 꽃송이를 뜨고 나서 장식할 곳을 생각해도 되고, 용도에 맞춰 꽃송이를 떠도 됩니다.

작품 10 | 장바구니
평범한 플라스틱 장바구니가 화려한 색의 채소 덕분에 새로 태어났어요. 대바늘로 뜬 당근과 코바늘로 뜬 완두콩 깍지는 화려한 브로치가 될 수도 있어요.

뜨개질한 작품을 응용할 수 있는 아이디어가 있어요.

작품마다 완성된 모습의 사진이 있어요.

1장 시작하기 전에

본격적으로 뜨개질을 시작하기 전에 먼저 뜨개실과 대바늘, 코바늘, 기호, 약어를 살펴보기로 해요. 뜨개질 경험이 있는 사람들에게도 솜씨를 기르는 데 도움이 될 거예요.

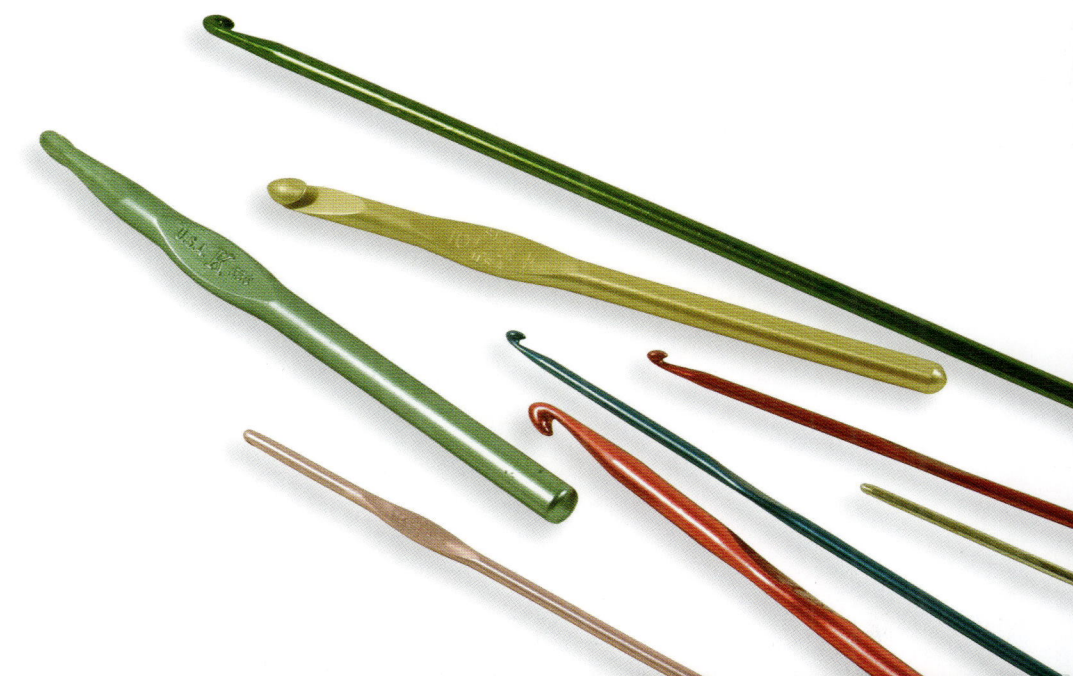

재료와 도구

이 책에 실린 디자인을 뜨려면 몇 가지 재료가 필요하고 기본적인 기술을 익혀야 합니다. 실의 종류와 색깔만 바꾸어도 다른 종류와 크기의 꽃이 나오기 때문에 여러 가지로 시도해보면 아주 값진 경험이 될 겁니다.

뜨개실

꽃송이를 뜰 때 쓸 수 있는 뜨개실은 중세사부터 초극세사까지 다양합니다. 뜨개실은 제조사마다 다르고 또 섬유에 따라 다를 수 있어요. 따라서 이 책에서는 실의 종류만 제시하고 대바늘과 코바늘의 호수는 정해놓지 않았어요. 대개 코바늘뜨기를 할 때는 매끄러운 실로 뜨는 것이 좋습니다. 그러나 실이 얼마나 잘 수축하는지에 따라 뜰 때의 모양과 특징이 달라지고 완성된 편물이 달라지기 때문에 뜨개질을 할 때에는 풍성한 면사부터 탄력 있는 모사에 이르기까지 다양한 실의 특성을 잘 알아야 해요. 여러 가지로 시도해보세요. 팽팽하게도 떠보고 느슨하게도 떠보고, 또 보통보다 호수가 작은 바늘로도 떠보세요.

꽃집이나 채소 가게를 차려도 될 만큼 많은 꽃과 채소를 뜨고 싶다면, 갖고 있는 뜨개실을 색깔별로 나누어서 투명한 플라스틱 상자에 보관하는 것이 좋습니다. 뜨개실뿐만 아니라 평소 눈여겨보았던 실이 있다면 그것을 사용해도 좋고 자수 실을 써보는 것도 좋아요.

대바늘

앞에서도 말했지만 이 책에서는 바늘의 호수를 정하지 않았어요. 아마 여러분은 사용하는 뜨개실에 따라 바늘을 다양하게 선택하고 싶어 하실 것 같아요. 두 개씩 짝을 이루는 대바늘은 그 길이가 짧은 것부터 긴 것까지 다양합니다. 대부분 알루미늄 소재인데, 호수가 커지면 무게를 줄이기 위해 플라스틱으로 만들기도 하지요. 여기에서는 대부분의 디자인을 일반적인 모양의 대바늘로 떴지만, 끈 뜨기를 하려면 양끝이 뾰족한 대바늘이 두 개 필요하고, 원형뜨기에는 양끝이 뾰족한 대바늘 네 개가 있어야 합니다. 대나무로 만든 바늘은 호수가 다양합니다.

종류와 무게가
다양한 뜨개실

재료와 도구 11

기타 도구

줄자
실의 길이를 재려면 줄자가 꼭 필요하겠죠? 한 면에 인치와 센티미터가 모두 표시되어 있는 줄자가 편리해요.

코바늘
코바늘은 호수와 소재가 아주 다양하지만, 대부분 알루미늄이나 플라스틱입니다. 아주 가는 실을 뜰 때에는 호수가 작은 스틸 코바늘을 사용하고요. 나무나 대나무, 동물의 뿔을 손으로 직접 깎아 만든 바늘도 있어요.

마커와 단 계수기
시판되는 마커는 반복 구간을 표시하거나 사슬뜨기에서 코를 셀 때 씁니다(17쪽 단 표시하기를 참고하세요).
단 계수기는 지금까지 뜬 단의 수를 잊지 않게 해준다는 점에서는 마커와 비슷하죠. 대바늘뜨기에서는 바늘에 코가 걸린 단도 한 단으로 계산한다는 것을 명심하세요.

코바늘의 호수는 유럽과 미국, 우리나라에서 표시하는 방법이 서로 다르다는 점을 알아두세요. 어떤 코바늘을 고르느냐는 개인의 취향에 따라 달라요. 그런데 코바늘의 모양에 따라 뜨개질이 아주 수월해지는 경우도 있으니 잡기 편한 코바늘로 고르세요.

가위
실을 자르고 실 끝을 다듬으려면 작고 끝이 뾰족한 가위가 좋아요.

두 개씩 짝을 이루는 대바늘과 양끝이 뾰족한 대바늘. 그 소재와 크기는 다양해요.

코바늘뜨기 기호

도안에서 사용되는 기본 기호

기본 기호			
○	원형코뜨기	⌒	아랫단 코의 앞 가닥에서 뜨기 - 이 기호는 다른 뜨기 기호의 밑에 결합하여 쓰입니다.
⬭	사슬뜨기		
●	빼뜨기	⌒	아랫단 코의 뒤 가닥에서 뜨기 - 이 기호는 다른 뜨기 기호의 밑에 결합하여 쓰입니다.
+	짧은뜨기		
┰	긴뜨기	ↄ	걸어뜨기. 코의 기둥을 감아서 뜹니다. - 코의 뒤에서 떠야 하는지, 앞에서 떠야 하는지 알려줍니다.
┼	1길 긴뜨기		
╪	2길 긴뜨기	▶	단이나 원형뜨기에서 시작점이 잘 구별되지 않을 때 시작점을 나타냅니다.
╪╪	3길 긴뜨기		

넣어뜨기

뿌리에서 위로 갈라지는 기호는 코를 늘리기 위한 것으로, '다음 코에서 코를 그 수만큼 뜬다'라는 뜻이거나 단을 시작할 때 '바로 밑 코에서 코를 그 수만큼 뜬다'라는 뜻이지요.

 짧은뜨기 2코 넣어뜨기

 1길 긴뜨기 2코 넣어뜨기

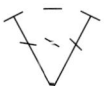 1길 긴뜨기 3코 넣어뜨기

 2길 긴뜨기 2코 넣어뜨기

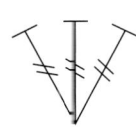 2길 긴뜨기 3코 넣어뜨기

모아뜨기

위에서 아래로 갈라지는 기호는 여러 코를 하나로 모아서 코를 줄이라는 뜻입니다. 모아뜨기 기호를 구성하는 각 기호의 코를 뜰 때에는 마지막 랩(바늘에 실을 감아서 고리 사이로 빼뜨기하는 것)을 하지 않고 미완성의 코를 바늘에 걸어놓습니다. 이렇게 하면 바늘에는 미완성 코를 위한 고리와 원래 고리가 남게 되죠. 나중에 실을 바늘에 감아 모든 고리를 한 번에 빼뜨면 모아뜨기가 완성됩니다.

 짧은뜨기 2코 모아뜨기

 1길 긴뜨기 2코 모아뜨기

 1길 긴뜨기 3코 모아뜨기

 2길 긴뜨기 2코 모아뜨기

 3길 긴뜨기 3코 모아뜨기

 3길 긴뜨기 3코 모아뜨기
위와 마찬가지로 각 코(2길 긴뜨기 걸어뜨기를 한 후 1길 긴뜨기)의 마지막 랩을 하지 않고, 바늘에 실을 감은 다음 고리 3개를 한 번에 빼뜹니다.

구슬뜨기

구슬뜨기는 모아뜨기와 같지만, 하나의 코에서 또는 하나의 공간에서 여러 코를 뜬 후에 코를 모아뜬다는 점이 달라요.

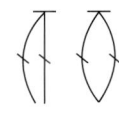 1길 긴뜨기 2코 구슬뜨기

 1길 긴뜨기 3코 구슬뜨기

 2길 긴뜨기 2코 구슬뜨기

 2길 긴뜨기 3코 구슬뜨기

 2길 긴뜨기 4코 구슬뜨기

 3길 긴뜨기 2코 구슬뜨기

기본 뜨개법과 약어

코바늘 뜨개법

짧은뜨기
1. 코에 바늘을 넣고 바늘에 실을 감는다.
2. 바늘에 걸려 있는 코 사이로 실을 뺀다.
3. 다시 바늘에 실을 감는다.
4. 2코를 한꺼번에 뺀다.

빼뜨기
1. 코에 바늘을 넣고 바늘에 실을 감는다.
2. 바늘을 빼서 2코를 만든다.
3. 첫 번째 코 사이로 두 번째 코를 빼낸다.

긴뜨기
1. 바늘에 실을 감고 코에 넣는다.
2. 코 사이로 바늘을 빼면 바늘에 3개의 코가 생긴다.
3. 다시 바늘에 실을 감는다.
4. 3개의 코를 한꺼번에 뺀다.

1길 긴뜨기
1. 바늘에 실을 감아 코에 넣는다.
2. 바늘에 실을 감고 빼내어 3개의 코를 만든다.
3. 다시 바늘에 실을 감아 2코만 뺀다.
4. 다시 바늘에 실을 감아 남아 있는 2코를 뺀다.

대바늘 뜨개법

겉뜨기
1. 오른쪽 바늘을 왼쪽 바늘 앞으로 교차시키듯이 왼쪽 코에 넣는다.
2. 오른쪽 바늘 뒤에서 앞으로 실을 감는다.
3. 오른쪽 바늘어 실을 걸어 뒤로 뺀다.
4. 왼쪽 바늘에 걸린 코를 빼준다.

안뜨기
1. 오른쪽 바늘이 왼쪽 바늘 뒤로 교차되도록 왼쪽 코에 오른쪽 바늘을 넣는다.
2. 오른쪽 바늘 뒤에서 앞쪽으로 실을 감는다.
3. 실을 걸어 오른쪽 바늘을 앞으로 뺀다.
4. 왼쪽 바늘에 걸린 코를 빼준다.

가터뜨기
겉뜨기만 반복해서 뜬다.

메리야스뜨기
한 단은 안뜨기를 다음 단은 겉뜨기를 뜨면서 계속 반복한다.

바늘 비우기
1. 오른쪽 바늘 앞에서 뒤쪽으로 실을 감는다.
2. 왼쪽 코에 오른쪽 바늘을 넣는다.
3. 오른쪽 바늘 두에서 앞으로 실을 감는다.
4. 실이 빠지지 않게 잡아당기면서 코 사이로 오른쪽 바늘을 뺀다.
5. 왼쪽에 걸려 있던 코를 뺀다.

대바늘뜨기 약어

kfb	1코에서 앞으로 한 번, 뒤로 한 번 겉뜨기를 해서 2코를 만든다.
m1	다음 코의 앞 가닥을 들어 올려 코를 만들고 그 뒤에서 겉뜨기를 한다.
pfb	1코에서 앞으로 한 번, 뒤로 한 번 안뜨기를 해서 2코를 만든다.
ssk	겉뜨기 방향으로 2코를 한 번어 걸러 뜨고 왼쪽 바늘의 끝을 걸러뜬 2코의 앞에 넣어 한꺼번에 모아뜬다.
s2kpo	2코 모아 겉뜨기하는 것처럼 2코를 걸러뜨고, 1코 겉뜨기한 후 걸러뜨기했던 코들을 덮어씌운다.
sk2po	겉뜨기 방향으로 1코를 걸러뜨고, 2코 모아 겉뜨기를 한 후 걸러뜨기 했던 1코를 덮어씌운다.
yo	실을 앞으로 옮겨서 바늘에 감아 1코를 만든다.
[ ]	대괄호 안의 뜨개법을 지시된 횟수만큼 뜬다.
( )	한 번에 떠야 할 코들

뜨개실의 종류와 편물 관리법

뜨개실의 종류

이 책에서 사용된 뜨개실의 소재별 특징과 굵기에 따른 종류에 대해 간단하게 설명하겠습니다. 각각의 특징을 이해하면 이를 응용해 더 멋진 작품을 만들 수 있을 거예요.

면사	피부에 닿는 감촉이 부드럽다. 흡습성, 보온성이 좋다. 세탁과 다림질이 쉽다.	병태사	일반적으로 사용하는 중간실
		합태사	병태사보다 약간 가는 실
		극세사	가장 가는 실
모사	촉감이 좋고 탄성력이 있다. 보온성이 특히 우수하다.	단사	섬유 한 겹을 꼬아 만든 실

편물 관리법

완성한 편물을 세탁할 때에는 뜨개실의 라벨을 보관해두고 표기된 설명에 따르거나 따로 메모를 해놓는 것이 좋아요. 대바늘이나 코바늘로 뜨개질한 편물은 손세탁하는 것이 바람직하지만, 그래도 다음과 같은 표준 세탁 기호들은 알아 두세요. 손세탁할 경우에는 합성세제가 들어가지 않은 순한 세정제를 따뜻한 물에 풀어서 가볍게 세탁합니다. 울샴푸나 섬유 세정제는 대부분 괜찮지만, 형광증백제가 함유된 세정제는 색깔을 바래게 하므로 성분을 반드시 확인하세요. 충분히 헹군 다음에 자연 건조하면 됩니다.

표준 세탁 기호

손세탁

세탁기로 세탁하지 마시오.

지정 온도의 온수에서 손세탁 가능

세탁기 사용

지정 온도의 온수에서 세탁기 사용 가능

지정 온도의 온수에서 세탁기로 세탁 후 찬물로 헹구고 가볍게 탈수하시오.

지정 온도의 온수에서 세탁기로 세탁 후 가볍게 탈수하시오.

표백제 사용

표백제 사용 금지

염소계 표백제 사용 가능

다리미질

다리지 마시오.

저온에서 다리시오.

중온에서 다리시오.

고온에서 다리시오.

드라이클리닝

드라이클리닝하지 마시오.

용제에 상관없이 드라이클리닝 가능

퍼클로르에틸렌이나 탄화플루오르, 석유 계열 용제로 드라이클리닝 가능

탄화플루오르나 석유 계열 용제로만 드라이클리닝 가능

대바늘뜨기, 알아두세요

본격적으로 대바늘뜨기를 하기 전에, 기본적인 내용과 초보자에게는 생소할 수 있는 기술 몇 가지를 알아볼까요?

매듭짓기

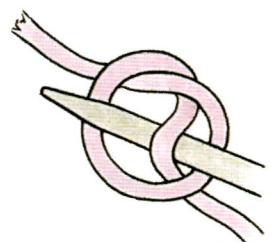

1 코 만들기의 첫 단계는 바늘에 매듭을 거는 것입니다. 왼손 손가락 두 개에 실을 감고 고리를 만든 후에, 바늘을 고리에 넣고 실을 걸어서 고리 사이로 당깁니다.

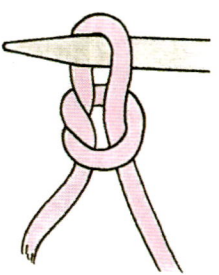

2 실의 양끝을 당겨서 매듭을 조입니다.

※ 매듭을 만든 후에 끝에 남기는 실의 길이는 꿰매기를 할 수 있을 정도의 길이여야 합니다. 이렇게 실을 남겨두면 실을 다른 색으로 바꾸면서 서툴게 뜬 부분을 가리는 데 아주 유용합니다. 마찬가지로 코를 마무리한 후에도 실을 남기는 것이 좋아요. 실을 다른 색으로 바꿀 때에는 남긴 실로 안쪽 면의 단 끝이나 솔기를 따라 꿰맵니다. 꽃잎이나 나뭇잎의 끝에 남긴 실은 꽃잎과 나뭇잎을 서로 이어 붙이기 전에 감침질해두는 것이 좋습니다.

코 만들기

코를 만드는 방법은 여러 가지가 있는데, 각각의 장점이 있습니다.

● 엄지 방법

바늘 한 개로 코를 잡는 이 방법은 가장자리가 가터뜨기의 단처럼 겉뜨기가 됩니다.

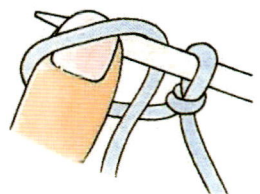

1 필요한 길이의 3배 정도로 실을 길게 잡고 바늘로 매듭을 짓습니다. 왼손으로 실 끝을 잡고 왼쪽 엄지 위로 실을 한 번 감아 고리를 만든 후, 바늘을 고리에 넣습니다.

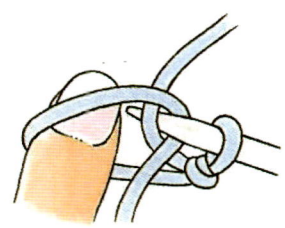

2 남긴 실 끝으로 겉뜨기를 한 코 뜨면서 고리에서 엄지를 뺍니다. 실을 잡아당겨서 코를 만듭니다. 이런 방식으로 계속해서 코를 만듭니다.

● 꼬은 코 만들기

바늘 두 개로 코를 잡는 이 방법은 꼬아 만든 밧줄처럼 단이 촘촘합니다.

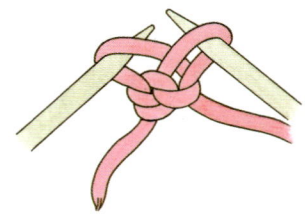

1 바늘 한 개로 매듭을 만듭니다. 다른 바늘을 오른손에 쥐고 왼쪽 바늘에 있는 고리에 넣어 한 코를 겉뜨기합니다. 이때 뜬 코를 떨어뜨리지 말고 왼쪽 바늘로 옮깁니다.

2 오른쪽 바늘을 새로 만든 코와 그 옆 코 사이로 넣은 후 또 한 코를 뜹니다. 이런 식으로 필요한 코만큼 뜨면 됩니다.

● 뜨면서 코 만들기

꼬은 코 만들기와 같은 방식으로 코를 만들지만, 바늘을 넣는 곳이 두 코 사이가 아니라 맨 앞코의 앞부분입니다. 이렇게 하면 꼬은 코 만들기를 했을 때보다 가장자리가 폭신해집니다.

스위스 다닝 스티치

덧수 놓기라고도 하는 이 방법은 뜨개질을 마무리한 후에 메리야스뜨기에서 다른 색의 실로 수를 놓는 것입니다. 대비되는 색의 실을 돗바늘에 꿰어, 수놓을 코의 V자 밑 부분에서 위로 바늘을 빼냅니다. 그 윗단의 뿌리 부분에서 가로로 한 땀을 뜬 후, 처음에 바늘을 빼냈던 위치로 바늘을 가져갑니다. 덧수 놓기를 할 때에는 원래 코가 안 보이도록 코를 정확하게 겹치는 것이 예쁩니다. 편물에 수를 놓거나 바느질을 할 때에는 실이 갈라지지 않도록 귀가 크고 끝이 무딘 돗바늘을 사용합니다.

끈 뜨기

원형 끈은 여러모로 쓸모가 참 많은데요, 양끝이 뾰족한 대바늘로 뜹니다.

먼저 3코 또는 필요한 만큼의 시작 코를 잡고 한 단을 겉뜨기 합니다. *편물을 돌리지 말고 만든 코를 바늘의 반대편으로 밀어주세요. 실을 안쪽 면에서 왼쪽에서 오른쪽으로 잡아당겨서 단을 뜹니다. *이것을 반복하여 원하는 길이만큼 뜨면 됩니다.

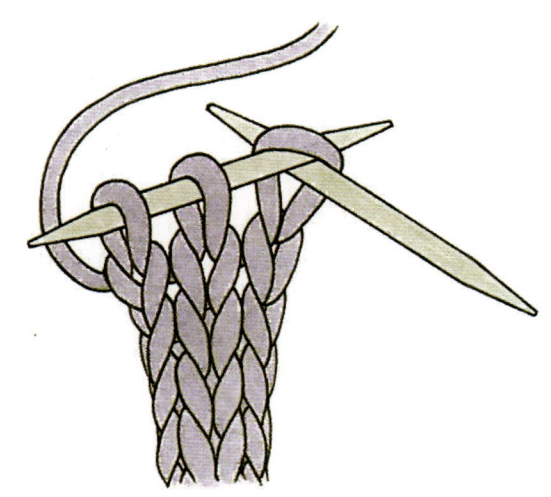

사슬코 만들기

바늘에 매듭을 만듭니다. *한 코를 겉뜨기 한 후에, 뜬 코를 오른쪽 바늘에서 왼쪽 바늘로 옮깁니다.* 이것을 원하는 길이만큼 반복하면 됩니다. 마무리를 한 마지막 코부터 시작해서 돗바늘을 쓰면 크기가 고른 사슬을 만들 수 있어요. 먼저 실을 꿴 돗바늘을 뒤에서 앞으로 보내 코를 통과시킵니다. 실로 고리를 만든 후, 바늘을 다시 코에 넣어 앞에서 뒤로 보내고, 만든 새 고리에 뒤에서 앞으로 넣어 통과시킵니다. 이런 식으로 계속하여 왼쪽에서 오른쪽으로, 또는 오른쪽에서 왼쪽으로 고리를 만들어갑니다.

단 표시하기

단을 셀 때나 반복되는 횟수를 표시할 때에는 다른 색의 실로 표시합니다. 코와 코 사이에 다른 색의 실을 앞에서 뒤로 넣은 후 다시 뒤에서 앞으로 뺍니다. 나중에 필요가 없어지면 실을 잡아 빼면 됩니다.

코 마무리하기

● 사슬 모양으로 마무리하기

이 책에 실린 작품들은 안뜨기로 마무리하라고 표시되어 있는 경우를 제외하고는 모두 겉뜨기로 마무리합니다. 먼저 두 코를 겉뜨기 한 후, *왼쪽 바늘로 오른쪽 바늘의 첫 번째 코를 두 번째 코 위로 들어 올립니다. 다음 코를 겉뜨기 합니다. *부터 반복하여 마지막 한 코만 남을 때까지 계속 이런 식으로 뜹니다.

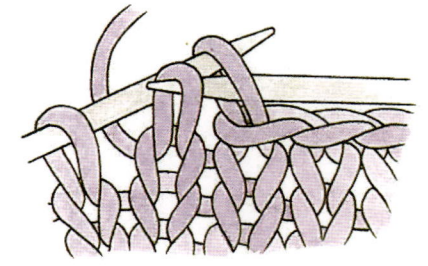

마지막 코만 남으면 실을 끊고 마지막 코 사이로 실을 빼내어 잡아당기면 됩니다.
단의 일부만 마무리할 경우, 이미 바늘에 있는 코는 마무리할 코의 수로 계산하는 것이 일반적입니다.

잇기

매트리스 스티치(또는 래더 스티치)를 이용하면 두 편물의 솔기를 깔끔하게 이을 수 있어요. 두 편물의 겉면을 서로 마주 보게 놓고 맨 아랫단부터 스티치를 시작합니다. 한쪽의 첫 번째 코와 두 번째 코 사이의 실 가닥 아래를 돗바늘로 뜹니다. 다른 쪽도 똑같이 교대로 하면서 위로 이어나갑니다. 이어갈 때에 바늘 땀을 잡아당겨야 솔기가 보이지 않습니다.

코바늘뜨기, 알아두세요

코바늘뜨기에서 간단하게 코를 뜨는 법을 알면 흥미로운 모양을 뜰 수 있습니다.
이제 코를 뜨는 데 필요한 기본 내용과 아이디어 몇 가지를 소개할게요.

매듭짓기

1 코바늘에 매듭을 걸어 사슬의 첫 번째 고리를 만듭니다. 이제 이 사슬고리를 바탕으로 첫 단 또는 원형뜨기의 코들을 떠나갑니다. 왼손의 두 손가락에 실을 걸어 고리를 만들고, 바늘을 고리에 집어넣어 실을 잡아채서 고리 사이로 빼뜨기를 합니다.

2 뜨개실의 양끝을 당겨서 매듭을 조이는데 고리가 바늘에 꼭 맞게 쥡니다.

걸기 동작

왼손의 엄지와 중지로 매듭(나중에는 사슬)을 잡습니다. 실을 왼손의 검지 뒤로 감아 팽팽하게 잡도록 하고, 필요하면 새끼손가락에도 실을 감아요. 오른손으로는 코바늘을 잡고 손목을 돌려서 코바늘의 끝이 실 밑으로 가게 해서 실을 잡아채 고리 사이로 빼어 사슬뜨기를 합니다.

실을 걸어 잡아채기란 코바늘에 실을 감는 동작을 말해요. 이 동작은 사슬뜨기와 빼뜨기 등 코바늘의 모든 기호와 여러 가지로 결합해서 사용되지요.

※ 별다른 지시 사항이 없으면, 코바늘은 사슬의 앞부분 또는 코의 윗면이 되는 실의 두 가닥 아래로 넣습니다.

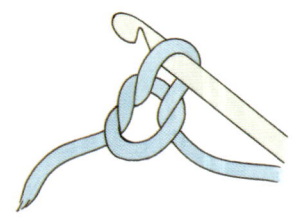

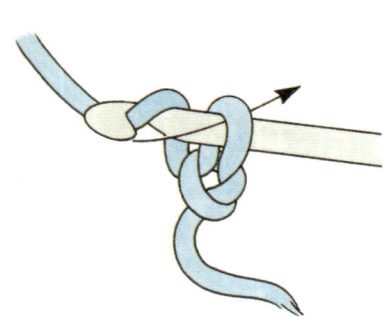

원형뜨기

원형뜨기는 주로 사슬뜨기 고리에서 시작하는데, 중심을 좀더 탄탄하게 하고 싶으면 원형코뜨기로 시작합니다. 원형뜨기를 할 때에는 편물을 뒤집지 않고 반시계 방향으로 돌아가며 뜹니다.

● **사슬뜨기 고리**

필요한 만큼 사슬뜨기를 한 후 첫 번째 사슬에서 빼뜨기를 해서 고리를 만듭니다. 사슬뜨기한 코를 중심으로 코를 떠서 첫 번째 원을 뜹니다. 남은 실 끝도 들려가며 뜨면, 고리가 부드럽고 폭신해지고 실을 잡아당겨 팽팽하게 만들 수도 있어요.

● **원형코뜨기**

1 원형코뜨기를 하려면, 먼저 손가락 두 개에 실을 감은 후 코바늘을 고리 사이에 넣어서 실을 빼냅니다. 매듭을 만들 때처럼요. 하지만 실을 팽팽하게 잡아당기지는 않습니다(매듭 1단계를 보세요). 왼손의 엄지와 검지로 고리를 펼쳐서 잡고 실을 쥐고는, 코바늘을 고리 사이에 넣고 실을 빼내어 고정합니다.

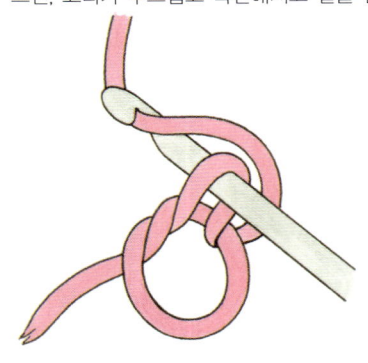

2 실 두 가닥 아래로 코바늘을 넣어 지시된 대로 코를 뜬 후 풀려 있는 실 끝을 당겨서 고리가 풀리지 않게 합니다. 첫 번째 코에 빼뜨기를 하여 고리를 연결합니다.

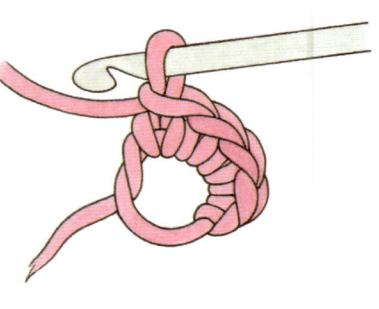

단 뜨기

1. 사슬뜨기를 바탕으로 제시된 수만큼 사슬뜨기를 뜬 다음, 건너뛴 코에서 첫 번째 코에 뜹니다. 이후 오른쪽에서 왼쪽으로 사슬뜨기에서 코를 뜹니다. 그림은 첫 코로 사슬뜨기 3코를 뜬 후 1길 긴뜨기로 첫 단을 뜨는 과정입니다.

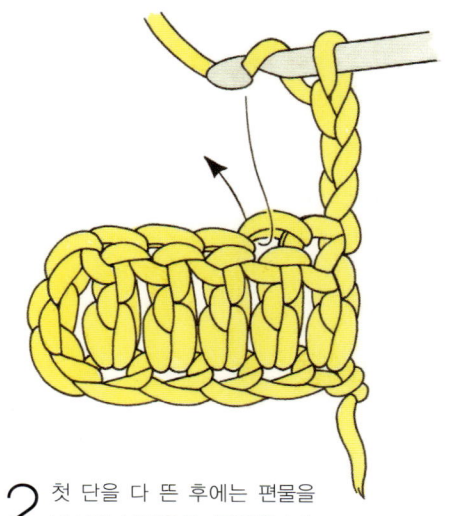

2. 첫 단을 다 뜬 후에는 편물을 반시계 방향으로 돌려줍니다. 다시 사슬뜨기를 해서 다음 단의 첫 코를 만듭니다. 이후 코를 계속 뜨는데, 두 번째 코를 뜨는 자리에 주의해야 합니다. 바늘을 바로 밑 코가 아니라 전 단의 다음 코에 넣어야 합니다. 바로 밑에 있는 코에서 뜨면 한 코에 두 코가 만들어져서 코가 늘어나게 됩니다.

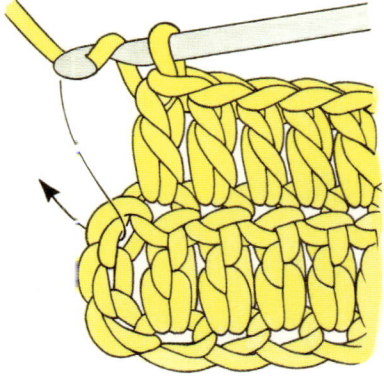

3. 한 단의 마지막 코를 뜨는 위치는 전 단의 첫 번째 코였던 사슬뜨기의 윗면입니다.

※ 코바늘뜨기의 코는 대칭 모양이 아닙니다. 코의 윗면이 되는 사슬이 코의 주된 부분 쪽으로 향하기 때문이지요(위의 1길 긴뜨기로 단을 뜨는 그림을 보세요). 초보자는 처음 단을 뜨면서 이 점에 당황할 수도 있어요. 원형뜨기를 해보면 이해하기가 좀더 쉬워요. 코의 방향이 모두 같은 방향, 대개는 오른쪽으로 향하기 때문입니다.

실이 안 보이게 매듭짓기

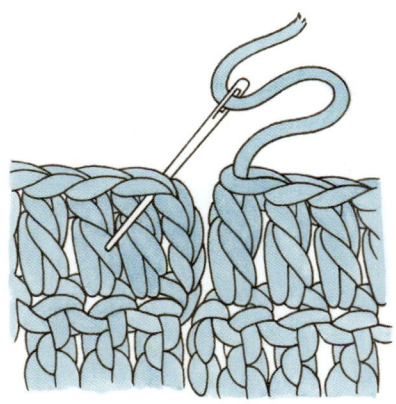

1. 마지막 단을 매끄럽게 마무리하는 방법입니다. 먼저 바느질을 할 수 있도록 실을 길게 남기고 끊은 후 실을 마지막 코의 고리로 잡아 뺍니다. 실을 꿴 돗바늘을 첫 번째 코의 두 가닥 아래로 찔러넣습니다.

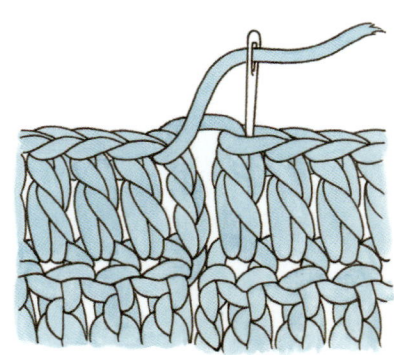

2. 그리고 바늘을 다시 마지막 코로 가져가서 새로운 코를 만듭니다. 아니면 첫 코와 마지막 코의 간격이 안 보일 때까지 팽팽하게 당겨도 됩니다. 사슬 가장자리를 따라 감침질을 하여 매듭을 짓습니다.

2장 완성 작품들 보기

이제 대바늘과 코바늘로 뜬 예쁜 뜨개물을 보여드릴게요.
이 작품들은 모두 실제 크기예요.
책을 한 장씩 넘기며 아름다운 꽃들을 감상하고,
찾고 있는 디자인이 있는지 살펴보세요. 뜨개물마다 번호를 매겨놓았고,
3장 실전 뜨기(46-107쪽)에 번호 순서대로 뜨는 법을 설명해놓았습니다.
먼저 마음에 드는 디자인을 정한 후, 3장으로 가서 뜨는 법을 보고
뜨개질을 시작해보세요.

꽃

잔가지가 달린 꽃송이부터 꽃 한 송이까지 다양한 디자인의 꽃과 잎사귀들을 모아놓았습니다. 꽃의 색깔별로 늘어놓았는데 자주달개비, 블루벨 등은 이름만으로도 색깔이 연상됩니다. 기법을 다양하게 써서, 꽃을 자연스럽게 표현하기도 하고 도안으로 디자인한 것처럼 보이게도 했습니다. 나비나 벌 같은 곤충도 군데군데 배치했더니 꽃들이 한층 돋보이는 효과가 나네요.

36 월계화

45 만개한 장미

80 양치류 잎사귀

94 주름 장미

꽃 23

68 펠라르고늄

14 툴립

62 아이리시 로즈

76 아이리시 잎사귀

15 카네이션

16 플로리번다 로즈

24 완성 작품들 보기

84 갈고리 나비

35 작약

10 작은 잎사귀

64 들장미

34 장미

꽃 25

63 롤드 로즈

67 사과꽃

7 넓은 잎사귀

63 장미봉오리

17 접시꽃

46 캐비지 로즈

31 아네모네

10 작은 잎사귀

65 올드패션드 핑크

33 장미봉오리

96 후크시아

95 패랭이

38 파란 나비

93 장미 모양 장식

꽃 27

12 달리아

48 자주달개비

29 캄파눌라

60 과꽃

99 비올라

30 페튜니아

28 라벤더

32 완성 작품들 보기

27 수레국화

50 메코놉시스

10 작은 잎사귀

51 보리지

69 붉은까불나비

2 포인세티아

70 호박벌

20 클로브 카네이션

92 동백꽃

91 털양귀비

90 호랑가시나무

1 꽃양귀비

38 완성 작품들 보기

83 나팔수선화

42 미나리아재비

83 나팔수선화

71 수선화

21 감귤나무 잎

73 헬레늄

6 프리뮬라

41 크리스마스로즈

69 붉은까불나비

72 산토리나

40 완성 작품들 보기

54 은방울꽃

25 칼라

40 나팔꽃

74 캐모마일

잎사귀

떡갈나무, 감귤나무, 은행나무, 담쟁이덩굴 등의 잎사귀 뜨기도 꽃송이 뜨기만큼이나 재미있습니다. 잎사귀라고 해서 항상 연녹색으로만 뜨지는 않아요. 예를 들어 같은 떡갈나무 잎사귀를 떠도 코바늘로 뜰 때(77번)에는 가을 색 두 가지로 뜨고, 대바늘로 뜰 때(22번)에는 가을 색 세 가지로 뜬답니다. 호랑가시나무만 빼고, 잎사귀들은 대부분 줄무늬가 있거나 여러 색깔로 얼룩덜룩합니다.

90 호랑가시나무

52 토끼풀

86 도토리

77 떡갈나무 잎

76 아이리시 잎사귀

7 넓은 잎사귀

78 은행잎

43 잎사귀

22 떡갈나무 잎
11 도토리
87 튤립나무 잎
79 담쟁이덩굴 잎
80 양치류 잎사귀
21 감귤나무 잎
10 작은 잎사귀

과일과 채소

뜨개질한 과일과 채소는 여기저기 장식할 수 있는 곳이 참 많아요.
색깔도 화사하고 다양해서 장식해놓으면 기분이 좋아집니다
레몬은 항상 노란색 실로 떠야 하지만, 무는 하얀색과
엷은 자주색을 섞어서 뜨면 순무가 됩니다. 여러 가지 색을 바꿔 뜨면서
그 과정을 즐겨보세요.

88 완두콩 깍지

32 블랙베리

23 레몬

21 감귤나무 잎

24 레몬꽃

3 당근

3장 실전 뜨기

3장은 크게 대바늘뜨기와 코바늘뜨기로 구분하고 다시 수준별로 나누어서,
2장에 소개된 꽃을 뜨는 법을 자세히 설명할 거예요.
코바늘뜨기에서는 설명과 도안을 함께 소개합니다.

초급 디자인

함께 보세요

14쪽
  기본 뜨개법
  대바늘뜨기 약어

16–17쪽
  대바늘뜨기, 알아두세요

---

1 꽃양귀비
완성작 보기 ▶ 35쪽

실: 모 병태사 주홍색, 녹색, 검은색

뜨는 방법

꽃잎(4장 만든다) 주홍색실로 시작코를 7코 잡는다.
1단(겉쪽): 겉뜨기
2단: kfb, 2코 남을 때까지 겉뜨기, kfb, 1코 겉뜨기. 9코
3단: 2단과 똑같이 뜬다. 11코
4단: 2단과 똑같이 뜬다. 13코
5–8단: 겉뜨기
9단: ssk 2회, 계속 겉뜨기하다가 마지막 4코 남으면 2코 모아 겉뜨기 2회. 9코
10–12단: 겉뜨기
13단: 9단과 똑같이 뜬다. 5코
14–16단: 겉뜨기
17단: 1코 겉뜨기, sk2po, 1코 겉뜨기. 3코
18단: 겉뜨기, 코를 마무리한다.
중심: 녹색실로 시작코를 16코 잡고 코를 마무리한다.
붙이기: 끝단을 연결하여 꽃잎을 2장씩 꿰맨다. 2장씩 꿰맨 꽃잎들을 서로 교차하도록 놓고 고정한다. 중심을 나선 모양으로 단단하게 감아 밑부분을 꽃잎 중심에 대고 꿰맨다. 검은색실로 중심 주변에 스트레이트 스티치를 하면서 원을 만든다. 스티치를 한 주변에 프렌치 노트 스티치를 한다. 꽃잎 뒤에 작게 바늘땀을 떠서 꽃잎이 컵모양을 유지하게 한다.

---

2 포인세티아
완성작 보기 ▶ 34쪽

실: 모-면 혼방 합태사 빨간색, 모 병태사 연녹색과 노란색

뜨는 방법

꽃잎(6장 만든다): 빨간색실로 시작코를 1코 잡고. 그 코에서 앞, 뒤, 앞으로 겉뜨기한 후, 한 단을 겉뜨기한다. 3코
1단(안쪽): kfb, 1코 겉뜨기, kfb. 5코
2단과 4단: 겉뜨기
3단: kfb, 3코 겉뜨기, kfb. 7코
5단: kfb, 5코 겉뜨기, kfb. 9코
6단, 8단, 10단, 12단, 14단: 2코 겉뜨기, 2코 안뜨기, 1코 겉뜨기, 2코 안뜨기, 2코 겉뜨기
7단, 9단, 11단, 13단, 15단: 4코 겉뜨기, 1코 안뜨기, 4코 겉뜨기
16단: 2코 겉뜨기, 5코 안뜨기, 2코 겉뜨기
17단: 2코 겉뜨기, ssk, 1코 겉뜨기, 2코 모아 겉뜨기, 2코 겉뜨기. 7코
18단, 20단: 2코 겉뜨기, 3코 안뜨기, 2코 겉뜨기
19단: 겉뜨기
21단: 2코 겉뜨기, sk2po, 2코 겉뜨기. 5코
22단, 24단: 2코 겉뜨기, 1코 안뜨기, 2코 겉뜨기
23단: 겉뜨기
25단: 1코 겉뜨기, sk2po, 1코 겉뜨기. 3코
26단, 27단: 겉뜨기
28단: sk2po, 남은 코의 실을 매듭짓는다(꽃잎의 끝 부분용).
중심: 연녹색실로 시작코를 5코 잡는다.
1단: 1코 겉뜨기, [바늘 비우기, 1코 겉뜨기] 4회. 9코
2단: 겉뜨기
3단: 1코 겉뜨기, [바늘 비우기, 1코 겉뜨기] 8회. 17코, 코를 마무리한다.
붙이기: 중심에 작은 구멍을 남겨두고 꽃잎 3장을 연결한다. 나머지 꽃잎 3장도 연결한 후, 먼저 붙인 꽃잎들 위에 두 번째 꽃잎을 별 모양으로 놓고 꿰맨다. 중심 조각을 나선 모양으로 감아서 밑 부분을 고정한 후 별의 중심에 꿰맨다. 중심 주변에 노란색실로 프렌치 노트 스티치를 하며 원을 만든다.

초급 디자인 | 49

3 당근
완성작 보기 ▶ 44쪽

실: 모 뜨개사 또는 태피스트리용 끈 모사 오렌지색, 녹색
바늘: 양끝이 뾰족한 대바늘 2개
부재료: 솜

뜨는 방법

당근(위부터 아래로 뜬다): 오렌지색실로 시작코를 4코 잡는다.
1단(겉쪽): kfbf 4회. 12코
2단과 안쪽 단: 안뜨기
3단: [kfb, 1코 겉뜨기] 6회. 18코. 안뜨기 단부터 시작해서 세 단을 메리야스뜨기한다.
7단: [1코 겉뜨기, 2코 모아 겉뜨기] 6회. 12코. 세 단을 메리야스뜨기한다.
11단: [2코 모아 겉뜨기, 1코 겉뜨기] 4회. 8코. 다섯 단을 메리야스뜨기한다.
17단: 2코 모아 겉뜨기 4회. 4코. 다섯 단을 메리야스뜨기한다.
23단: 2코 모아 겉뜨기 2회. 2코. 겉쪽을 놓고, 코를 양끝이 뾰족한 바늘로 걸러뜬 후, 2코 끈 뜨기(17쪽 참조)를 네 단 한다. 실을 뒤로 넘겨서 2코 모아 겉뜨기. 뿌리 부분을 위해 실을 남기고 매듭짓는다.
당근 머리(당근 1개 당 5개를 만든다): 녹색실로 사슬코 10코를 만든다(17쪽 참조). 실을 매듭짓는다.
붙이기: 오렌지색실 끝을 갈라서 한 가닥을 뿌리로 남겨둔다. 당근의 솔기를 꿰매다가 중간에 솜을 집어넣은 후에 마저 꿰매어 당근을 완성한다. 당근 머리 부분의 끝에 매듭을 지어 안으로 집어넣고 솔기를 막는다.

특수 약어
kfbf- 한 코에서 앞으로 한 번, 뒤로 한 번, 앞으로 한 번 겉뜨기를 하여 세 코를 만든다.

4 루드베키아
완성작 보기 ▶ 37쪽

실: 모 병태사 오렌지색, 노란색
부재료: 지름 2.5cm의 볼록한 단추 1개

뜨는 방법

중심: 오렌지색실로 시작코를 7코 잡는다.
1단(겉쪽): kfb, 4코 겉뜨기, kfb, 1코 겉뜨기. 9코
2단과 안쪽 단: 안뜨기
3단: kfb, 6코 겉뜨기, kfb, 1코 겉뜨기. 11코. 일곱 단을 메리야스뜨기한다.
11단: 1코 겉뜨기, 2코 모아 겉뜨기, 5코 겉뜨기, ssk, 1코 겉뜨기. 9코
13단: 1코 겉뜨기, 2코 모아 겉뜨기, 3코 겉뜨기, ssk, 1코 겉뜨기, 7코. 안뜨기 쪽으로 코를 마무리한다.
꽃잎: 노란색실로 왼쪽 바늘에 매듭을 만든다. *꼬은 코 만들기 방법으로 시작코를 3코 잡고(16쪽 참조), 겉뜨기 방향으로 3코를 마무리한 후 왼쪽 바늘로 남은 코를 걸러뜬다. *부터 이 과정을 10회 또는 원하는 길이만큼 한다. 실을 매듭짓는다.
붙이기: 오렌지색 실로 뜬 중심을 단추 위에서 잡아당긴 후 단추 밑에서 모아 표면이 매끄럽게 잘 매만진다. 꽃잎을 단추 주변에 박음질로 고정한다.

5 국화
완성작 보기 ▶ 36쪽

실: 모 합태사

뜨는 방법

바느질할 실을 길게 남기고 시작코로 20코를 만든다.
1단(겉쪽): 16코를 마무리하고 남은 코는 겉뜨기. 4코
2단: 4코 겉뜨기. 돌려서 꼬은 코 만들기 방법으로 16코를 만든다(16쪽 참조). 20코. 1단과 2단을 29회 반복한 후, 1단을 다시 뜨고, 코를 마무리한다.
붙이기: 길쭉한 꽃잎을 시작단부터 시작해서 겉쪽을 놓고 단단히 휘감는다. 시작코를 뜰 때 남겨둔 실로 나선 모양의 밑 부분이 풀리지 않게 고정한다.

6 프리뮬라
완성작 보기 ▶ 39쪽

실: 모 병태사 담황색, 밝은 노란색

뜨는 방법

꽃잎: 담황색실로 시작코를 8코 만든다.
1단(안쪽): 안뜨기
2단: 겉뜨기
3단: 겉뜨기 방향으로 4코를 마무리하고 나머지 코는 겉뜨기한다. 4코
4단: 4코 겉뜨기, 돌려서 4코를 만든다. 8코. 1단부터 4단까지 4회 반복하고 3단에서 끝낸다. 4코. 실을 충분히 길게 남기고 코를 마무리한다.
중심: 밝은 노란색실로 시작코를 9코 만든다.
1단(안쪽): 안뜨기
2단: 1코 겉뜨기, [바늘 비우기, 1코 겉뜨기] 8회. 17코. 겉뜨기 방향으로 코를 마무리한다.
붙이기: 꽃잎을 메리야스뜨기 뒷면이 바깥으로 향하게 해서 원 모양으로 모아 마무리한 코들을 시작코 4코에 꿰매어 붙인다. 중심은 메리야스뜨기가 바깥으로 향하게 하여 단단하게 감아 풀리지 않게 시작코 밑 부분에서 고정한다. 중심을 꽃 안으로 넣어서 바느질하여 고정한다.

7 넓은 잎사귀
완성작 보기 ▶ 25, 42, 45쪽

실: 모 병태사
바늘: 양끝이 뾰족한 대바늘 2개

뜨는 방법

양끝이 뾰족한 대바늘 2개로 시작코를 3코 만들어서 4.5cm 길이의 끈 뜨기를 한다(17쪽 참조). 이것을 바탕으로 계속해서 다음과 같이 프개질을 한다.

1단(겉쪽): 1코 겉뜨기, 바늘 비우기, 1코 겉뜨기, 바늘 비우기, 1코 겉뜨기. 5코
2단: 2코 겉뜨기, 1코 안뜨기 2코 겉뜨기
3단: 2코 겉뜨기, 바늘 비우기, 1코 겉뜨기, 바늘 비우기, 2코 겉뜨기. 7코
4, 6, 8, 10, 12, 14단: 겉뜨기, 가운데 1코는 안뜨기
5단: 3코 겉뜨기, 바늘 비우기, 1코 겉뜨기, 바늘 비우기, 3코 겉뜨기. 9코
7단: 4코 겉뜨기, 바늘 비우기, 1코 겉뜨기, 바늘 비우기, 4코 겉뜨기. 11코
9단: 5코 겉뜨기, 바늘 비우기, 1코 겉뜨기, 바늘 비우기, 5코 겉뜨기. 13코
11단: 6코 겉뜨기, 바늘 비우기, 1코 겉뜨기, 바늘 비우기, 6코 겉뜨기. 15코
13단: 7코 겉뜨기, 바늘 비우기, 1코 겉뜨기, 바늘 비우기, 7코 겉뜨기. 17코
15단: 17코 겉뜨기
16단, 안쪽 단: 겉뜨기
17단: ssk, 13코 겉뜨기, 2코 모아 겉뜨기. 15코
19단: ssk, 11코 겉뜨기, 2코 모아 겉뜨기. 13코
21단: ssk, 9코 겉뜨기, 2코 모아 겉뜨기. 11코
23단: ssk, 7코 겉뜨기, 2코 모아 겉뜨기. 9코
25단: ssk, 5코 겉뜨기, 2코 모아 겉뜨기. 7코
27단: ssk, 3코 겉뜨기, 2코 모아 겉뜨기. 5코
29단: ssk, 1코 겉뜨기, 2코 모아 겉뜨기. 3코
31단: sk2po, 남은 코의 실을 매듭짓는다.

8 더블데이지
완성작 보기 ▶ 41쪽

실: 면 병태사 하얀색, 면 합태사 하얀색, 노란색

뜨는 방법

아래 꽃잎: 흰색 병태사로 꼬은 코 만들기를 해서 시작코 9코 잡는다(16쪽 참조).
1단(겉쪽): 안뜨기
2단: 겉뜨기
3단: 안뜨기 방향으로 5코를 마무리한다. 2코 안뜨기. 방향을 돌린다. 실을 뒤쪽으로 옮겨서 안뜨기 방향으로 1코를 걸러뜬다. 실을 앞으로 가져와서 2코를 안뜨기한다. 4코
4단: 겉뜨기
5단: 안뜨기
6단: kfb, 만든 2코를 왼쪽 바늘로 걸러뜬다. 꼬은 코 만들기 방법으로 4코를 잡는다. 총 9코 안뜨기. 2단부터 6단까지 8회 반복한 후 2단과 3단을 다시 한 번 뜬다. 꽃잎 10장. 코를 마무리한다.
위 꽃잎: 흰색 합태사로 아래 꽃잎처럼 뜬다.
중심: 노란색 합태사로 엄지 방법을 이용해 시작코를 5코 잡는다(16쪽 참조).
1단(겉쪽): kfb, 2코 겉뜨기, kfb, 1코 겉뜨기. 7코
2단과 안쪽 단: 겉뜨기
3단: kfb, 4코 겉뜨기, kfb, 1코 겉뜨기. 9코
4-10단: 겉뜨기
11단: 1코 겉뜨기, 2코 모아 겉뜨기, 3코 겉뜨기, 2코 모아 겉뜨기, 1코 겉뜨기. 7코
12단: [1코 겉뜨기, 2코 모아 겉뜨기] 2회, 1코 겉뜨기. 5코. 코를 마무리한다.
붙이기: 각 꽃잎의 끝을 연결하여 고리를 만들고 고리의 안쪽 가장자리를 살짝 모은다. 이때 중심에 공간을 약간 남겨둔다. 위 꽃잎의 고리를 아래 꽃잎의 고리 위에 놓고 꽃잎은 자유롭게 둔 채 꿰맨다. 여분의 실을 꽃잎에 덧대고 중심을 잘 맞추어 가운데 놓는다. 가장자리에서 한 땀 안으로 들어가 겉에서 작게 홈질을 한다. 뒷면 중심의 빈 공간에 가로지르는 바늘땀을 몇 땀 뜬다.

초급 디자인 | 51

9 스노드롭
완성작 보기 ▶ 41쪽

실: 모 콥태사 하얀색, 담녹색

뜨는 방법

꽃잎: 하얀색실로 시작코를 4코 잡는다.

1단(겉쪽): 1코 걸러뜨기, 3코 겉뜨기

2단: 1코 걸러뜨기, 3코 안뜨기

3단: 1코 걸러뜨기, m1, 2코 겉뜨기, m1, 1코 겉뜨기. 6코

4단: 안뜨기

5단: 1코 걸러뜨기, m1, 4코 겉뜨기, m1, 1코 겉뜨기. 8코 안뜨기 단에서 시작하여 다섯 단을 메리야스뜨기한다.

11단: 2코 모아 겉뜨기 4회. 4코

12단: 안뜨기. 실을 끊고 코를 여분의 바늘에 옮긴다. 꽃잎을 2장 더 만든다.

받침:

다음 단(겉쪽): 하얀색실로 각 꽃잎의 4코를 겉뜨기한다. 12코. 안뜨기 단에서 시작하여 세 단을 메리야스뜨기한다. 담녹색실로 바꾸어서 네 단을 메리야스뜨기한다. 단을 따라 2코 모아 겉뜨기를 하면서 코를 마무리한다.

줄기: 담녹색실로 시작코를 18코 잡는다. 코를 마무리한다.

붙이기: 꽃잎을 누르지 않는다. 받침의 옆 솔기를 연결한다. 창구멍에 줄기를 넣고 고정한다.

10 작은 잎사귀
완성작 보기 ▶ 24, 26, 28, 32, 43쪽

실: 모 병태사
바늘: 양끝이 뾰족한 대바늘 2개

뜨는 방법

양끝이 뾰족한 대바늘 2개로 시작코를 3코 잡아서 3cm의 끈 뜨기를 한다(17쪽 참조). 이것을 바탕으로 다음과 같이 뜬다.

1단(겉쪽): 1코 겉뜨기, 바늘 비우기, 1코 겉뜨기, 바늘 비우기, 1코 겉뜨기. 5코

2단과 안쪽 단: 겉뜨기

3단: 2코 겉뜨기, 바늘 비우기, 1코 겉뜨기, 바늘 비우기, 2코 겉뜨기. 7코

5단: 3코 겉뜨기, 바늘 비우기, 1코 겉뜨기, 바늘 비우기, 3코 겉뜨기. 9코

7단: 4코 겉뜨기, 바늘 비우기, 1코 겉뜨기, 바늘 비우기, 4코 겉뜨기. 11코

9단: 5코 겉뜨기, 바늘 비우기, 1코 겉뜨기, 바늘 비우기, 5코 겉뜨기. 13코

11단: ssk, 9코 겉뜨기, 2코 모아 겉뜨기. 11코

13단: ssk, 7코 겉뜨기, 2코 모아 겉뜨기. 9코

15단: ssk, 5코 겉뜨기, 2코 모아 겉뜨기. 7코

17단: ssk, 3코 겉뜨기, 2코 모아 겉뜨기. 5코

19단: ssk, 1코 겉뜨기, 2코 모아 겉뜨기. 3코

21단: sk2po. 남은 코의 실을 매듭짓는다.

11 도토리
완성작 보기 ▶ 43쪽

실: 모 병태사 갈색, 베이지색, 녹색
바늘: 양끝이 뾰족한 대바늘 2개
부재료: 솜

뜨는 방법

도토리: 갈색실로 시작코를 6코 잡는다.

1단(겉쪽): kfb 6회. 12코

2단과 4단: 겉뜨기

3단: kfb 12회. 24코

5단: 2코 모아 겉뜨기 12회. 12코

6단: 겉뜨기. 실을 베이지색으로 바꾸고 겉뜨기 단에서 시작하여 여섯 단을 메리야스뜨기한다.

13단: 2코 모아 겉뜨기 6회. 6코

14단: 안뜨기

15단: 2코 모아 겉뜨기 3회. 3코. 3코를 한 번에 뜨고 실을 매듭짓는다.

줄기: 녹색실과 양끝이 뾰족한 대바늘로 5cm 길이의 3코 끈 뜨기를 한다(17쪽 참조).

붙이기: 각 가장자리에서 1코를 잡아서, 위에서부터 도토리의 솔기를 잇는다. 중간에 솜과 줄기 끝을 집어넣고 솔기를 끝까지 마감한다.

12 달리아
완성작 보기 ▶ 29쪽

실: 모 병태사

뜨는 방법

작은 꽃잎: 시작코를 8코 잡는다.
1단(안쪽): 안뜨기
2단: 겉뜨기
3단: 겉뜨기 방향으로 4코를 마무리한다. 나머지 코는 겉뜨기한다. 4코
4단: 4코 겉뜨기. 돌려서 꼬은 코 만들기로 4코를 잡는다. 8코
1단부터 4단까지 7회 반복. 3단에서 끝낸다. 4코. 실을 끊지 않는다.
중간 꽃잎: 다음 단 4코 겉뜨기. 돌려서 6코를 잡는다. 10코
***1단(안쪽):** 안뜨기
2단: 겉뜨기
3단: 6코를 마무리한다. 나머지 코는 겉뜨기한다. 4코
4단: 4코 겉뜨기. 돌려서 6코를 잡는다. 10코
*1단부터 4단까지 5회 반복, 3단에서 끝낸다. 4코. 실을 끊지 않는다.
큰 꽃잎: 다음 단 4코 겉뜨기. 돌려서 8코를 잡는다. 12코
****1단과 3단:** 안뜨기
2단과 4단: 겉뜨기
5단: 8코를 마무리한다. 나머지 코는 겉뜨기한다. 4코
6단: 4코 겉뜨기. 돌려서 8코를 잡는다. 12코
**1단부터 6단까지 5회 반복, 5단에서 끝낸다. 실을 끊지 않는다. 3단에서 끝나는 중간 꽃잎을 10장 더 뜬다. 4코. 코를 마무리한다.
붙이기: 꽃잎을 메리야스뜨기 뒷면이 바깥으로 향하게 해서 시작단부터 감아가면서 풀어지지 않게 고정한다.

13 클레마티스
완성작 보기 ▶ 30쪽

실: 모 병태사 보라색, 노란색

뜨는 방법

꽃잎(6장 만든다): 보라색으로 시작코를 8코 잡는다.
1단(겉쪽): 2코 모아 겉뜨기, 4코 겉뜨기, kfb, 1코 겉뜨기
2단: 겉뜨기
1단과 2단을 3회 반복한 후, 다시 1단을 뜬다. 겉뜨기 방향으로 코를 마무리한다.
중심: 노란색실로 시작코를 12코 잡는다.
1단(겉쪽): 다음과 같은 방법으로 각 코에 고리를 만든다: 1코 겉뜨기를 하되 코를 바늘에서 떨어뜨리지 않는다. 실을 바늘과 바늘 사이를 통해 앞으로 가져와서 왼쪽 엄지에 시계 방향으로 감았다가 다시 바늘과 바늘 사이를 통해 뒤로 가져간다. 왼쪽 바늘에 걸린 코를 다시 겉뜨기하고 코를 떨어뜨린다. 오른쪽 바늘로 방금 뜬 코 위로 두 번째 코를 걸러뜬다. 단을 따라 2코 모아 겉뜨기를 하면서 코를 마무리한다.
붙이기: 중심에 공간을 두고 꽃잎을 연결하는데, 안쪽 가장자리를 따라 꽃잎 중간까지 연결한다. 각 꽃잎 안쪽 코너에서 주름을 잡아 꿰맨다. 중심의 끝을 연결해서 고리를 만들고 꿰매어 막는다. 꽃잎 위에 중심을 놓는다.

14 튤립
완성작 보기 ▶ 23쪽

실: 모 병태사 진분홍색, 연분홍색, 녹색
바늘: 양끝이 뾰족한 대바늘 2개

뜨는 방법

꽃: 진분홍색실로 시작코를 43코 잡는다.
1단(겉쪽): 1코 겉뜨기, [2코 모아 겉뜨기, 4코 겉뜨기, m1, 1코 겉뜨기, m1, 4코 겉뜨기, ssk, 1코 겉뜨기] 3회
2단과 안쪽 단: 안뜨기
1단과 2단을 5회 반복한다. 연분홍색실로 1단과 2단을 한 번 더 반복한 후 다시 1단을 뜬다. 안뜨기 방향으로 코를 마무리한다.
줄기: 녹색실과 양끝이 뾰족한 대바늘로 12cm 길이의 3코 끈 뜨기를 한다(17쪽 참조).
붙이기: 뾰족한 부분을 잡아당겨서 눌러준다. 양쪽 솔기의 가장자리에서 반 코를 잡아서 솔기를 잇는다. 양쪽 솔기가 만나 생긴 뾰족한 부분의 끝단에서 주름을 하나 잡는다. 끝단의 사선을 마지막 단이 늘어난 데까지 연결한다. 남은 두 곳의 뾰족한 부분에서도 주름을 잡아 사선을 연결한다. 이때 가운데에는 줄기가 들어갈 작은 구멍을 남긴다. 그 구멍으로 줄기를 넣어 붙인다.

초급 디자인 | 53

15 카네이션
완성작 보기 ▶ 23쪽

실: 모 병태사 분홍색, 녹색
바늘: 양끝이 뾰족한 대바늘 2개

뜨는 방법

꽃: 분홍색실로 시작코를 7코 만든다.
*1단(겉쪽): 안뜨기
2단: 꼬은 코 만들기 방법으로 3코를 만들고(16쪽 참조), 3코를 마무리한 후 나머지는 겉뜨기를 한다. *부터 28회 반복한다. 안뜨기 방흥으로 코를 마무리한다. 피코 꽃잎(가장자리 장식의 작은 꽃잎)을 잡아 빼내어 눌러준다. 메리야스뜨기 뒷면이 바깥으로 향ㅎ게 해서 남은 부분을 꽉 말아 꿰매준다.

받침: 녹색실로 시작코를 9코 잡는다.
**1단(겉쪽): 안뜨기
2단: 1코를 갇늘고 1코를 마무리한다. 남은 부분은 겉뜨기를 한다.
**부터 6회 반복한다. 안뜨기 방향으로 코를 마무리하고, 메리야스뜨기 뒷면이 밖으로 향하게 해서 꽃 밑 부분을 관 모양으로 감싸서 연결한다.

줄기: 녹색실과 양쪽이 뾰족한 대바늘로 6cm 길이의 3코 끈 뜨기를 한다(16쪽 참조). 꽃 밑 부분과 줄기의 윗부분을 맞춘다.

16 플로리번다 로즈
완성작 보기 ▶ 23쪽

실: 모 병태사

뜨는 방법

꽃잎: 실을 길게 남기고서 시작코를 10코 잡는다.
1단: 1코 겉뜨기, 5코 안뜨기, 4코 겉뜨기
2단: 8코 겉뜨기, kfb, 1코 겉뜨기. 11코
3단: 1코 겉뜨기, 6코 안뜨기, 4코 겉뜨기
4단과 6단: 겉뜨기
5단: 1코 겉뜨기, 2코 모아 안뜨기, 4코 안뜨기, 4코 겉뜨기. 10코
7단: 겉뜨기 방향으로 6코를 마무리하고, 나머지 코는 겉뜨기한다. 4코
8단: 4코 겉뜨기, 돌려서 꼬은 코 만들기 방법으로 6코를 잡는다(16쪽 참조). 10코

1단부터 8단까지 16회 반복하고, 7단에서 마무리한다. 4코. 코를 마무리한다.

중심: 실을 많이 남기고서 시작코를 4코 잡는다. 가터뜨기로 38단을 뜬다. 실을 많이 남기고 코를 마무리한다.

붙이기: 중심 부분을 시작단부터 나선모양으로 단단하게 감은 후에 처음에 남겨둔 실로 풀어지지 않게 고정한다. 꽃잎은 시작단에서 시작하여 메리야스뜨기가 바깥으로 향하게 해서 중심을 둘러싸 감는다. 남겨둔 실로 꽃잎을 고정하고, 마지막에 남긴 꽃잎 몇 장을 잡아당겨서 이미 감아둔 꽃잎 사이로 잘 배치한다. 끝단을 아래로 향하게 하여 마무리한다.

17 접시꽃
완성작 보기 ▶ 25쪽

실: 면 합태사 진분홍색, 연분홍색
바늘: 양끝이 뾰족한 대바늘 4개

뜨는 방법

꽃: 진분홍색실로 시작코를 6코 잡는다. 양끝이 뾰족한 대바늘 3개에 2코씩 나누어 걸러뜨고 원형뜨기를 한다. 원형뜨기 두 단을 겉뜨기한다.

원형 3단: kfb 6회. 12코. 원형뜨기 두 단을 겉뜨기한다.
원형 6단: kfb 12회. 24코. 원형뜨기 네 단을 겉뜨기한다.
원형 11단: kfb 24회. 48코. 원형뜨기 여섯 단을 겉뜨기한다.
원형 18단: kfb 48회. 96코. 연분홍색실로 바꾸어 원형뜨기 여덟 단을 겉뜨기한다. 코를 마무리한다.

붙이기: 가볍게 눌러준다. 원형으로 떠진 편물을 반으로 접고, 중심에서 잡고 둥글게 말아 꽃 모양을 만든다. 접은 부분으 자리를 잘 잡아 꿰맨다.

중급 디자인

18 체리
완성주 보기 ▶ 45쪽

실: 모-면 합태사 빨간색, 녹색
바늘: 양끝이 뾰족한 대바늘 2개, 돗바늘　**부재료**: 솜

뜨는 방법

체리(2개 만든다): 빨간색실을 사용하여 꼬은 코 만들기 방법으로 시작코를 12코 잡는다(16쪽 참조).
1단(겉쪽): 12코 겉뜨기
2단: 10코 안뜨기, wrap 1, 돌린다.
3단: 8코 겉뜨기, wrap 1, 돌린다.
4단: 6코 안뜨기, wrap 1, 돌린다.
5단: 4코 겉뜨기, wrap 1, 돌린다.
6단: 나머지 코는 안뜨기
1단부터 6단까지 4회 반복, 코를 마무리한다.
줄기: 녹색실을 길게 남겨 놓고 대바늘로 5cm 길이의 3코 끈 2개 만든다(17쪽 참조).

붙이기: 체리의 솔기를 꿰매다가 솜을 넣은 후 마저 꿰맨다. 줄기에 남겨둔 실을 돗바늘에 꿰어 체리의 중심에 끌어 체리 꼭대기로 빼서 힘껏 당겨 체리 모양을 만든 후 매듭을 짓는다. 줄기 2개를 꼭대기에서 묶어서 연결시킨 후 그 실로 짧은 체인을 만든다(17쪽 참조).

특수 기법

wrap 1-단의 중간에서 편물을 돌릴 때 생긴 구멍을 가능한 한 작게 줄이는 기술: 다음 코를 안뜨기 방향으로 걸러뜨고, 실을 편물의 반대 방향으로 보낸 후, 걸러뜬 코를 다시 왼쪽 바늘로 걸러뜨고 편물을 돌려서 다음 단을 뜬다.

함께 보세요

14쪽
　기본 뜨개법
　대바늘뜨기 약어

16-17쪽
　대바늘뜨기, 알아두세요

19 무당벌레
완성작 보기 ▶ 36, 41쪽

실: 모 병태사 빨간색, 검은색
부재료: 솜

뜨는 방법

등면: 빨간색실로 시작코를 3코 잡는다.
1단(겉쪽): kb 2회, 1코 겉뜨기, 5코
2단과 안쪽 단: 안뜨기*
3단: kfb, [1코 겉뜨기, m1] 2회, kfb, 1코 겉뜨기, 9코
5단: kfb, 3코 겉뜨기, m1, 1코 겉뜨기, m1, 2코 겉뜨기, kfb, 1코 겉뜨기, 13코
7단: 겉뜨기
9단: [1코 겉뜨기, ssk] 2회, 1코 겉뜨기, [2코 모아 겉뜨기, 1코 겉뜨기] 2회, 9코
11단: 1코 겉뜨기, s2kpo, 1코 겉뜨기, 2코 모아 겉뜨기. 방금 뜬 코를 다시 왼쪽 바늘로 걸러뜨고 다음 코를 그 위로 덮어씌운다. 코를 다시 오른쪽 바늘로 걸러뜬다. 1코 겉뜨기. 5코
검은색실로 바꾼다.
12단: 안뜨기
13단: 1코 겉뜨기, s2kpo, 1코 겉뜨기, 3코
14단: 1코 걸러뜨기, 2코 모아 안뜨기, 각 반대 방향으로 코 줄이기. 실을 대듭짓는다.

배면: 검은색실로 상체의 *부분까지 뜬다.
3단: kfb, 2코 겉뜨기, kfb, 1코 겉뜨기, 7코
5단과 7단: 겉뜨기
9단: 1코 겉뜨기, ssk, 1코 겉뜨기, 2코 모아 겉뜨기, 1코 겉뜨기, 5코
11단: 1코 겉뜨기, s2kpo, 1코 겉뜨기, 3코
12단: 1코 걸러뜨기, 2코 모아 안뜨기, 각 반대 방향으로 코 줄이기. 실을 대듭짓는다.

붙이기: 등면 위에 검은색실로 스위스 다닝 스티치를 5개 한다. 등면와 배면을 안쪽은 안쪽끼리, 시작단은 시작단끼리 연결한다. 솜을 넣은 후에 머리에서 구멍을 막는다. 아래쪽에서 빨간코가 보이면 검은색실로 매듭지으면서 가려준다.

20 클로브 카네이션
완성작 보기 ▶ 34쪽

실: 모 합태사 연분홍색, 분홍색, 빨간색, 녹색
바늘: 양끝이 뾰족한 대바늘 4개, 코바늘

뜨는 방법

꽃송이: 연분홍색실로 시작코를 51코 잡는다.
1단(겉쪽): 1코 겉뜨기, ssk, *2코 겉뜨기, 다음 코에서 [1코 겉뜨기, 바늘 비우기, 1코 겉뜨기], 2코 겉뜨기, s2kpo, *부터 4회 반복한다. 2코 겉뜨기, 다음 코에서 [1코 겉뜨기, 바늘 비우기, 1코 겉뜨기], 2코 겉뜨기, 2코 모아 겉뜨기, 1코 겉뜨기. 분홍색실로 바꾼다.
2단: 안뜨기
계속 분홍색실로 뜨는데, 1단을 다시 뜬다.
연분홍색실로 바꾸어, 2단과 1단을 뜬다.
분홍색실로 바꾸어, 2단과 1단을 뜬다.
빨간색실로 바꾸어, 2단과 1단을 뜬다.
바늘을 코바늘로 바꾸고 계속 빨간색실로 뜬다.
끝단: 코바늘로 첫 코에서 빼뜨기, 사슬뜨기 3코, 같은 코에서 빼뜨기, *다음 코에서 빼뜨기, 사슬뜨기 3코, 같은 코에서 빼뜨기를 한다. *부터 끝까지 반복한다. 매듭짓는다.

줄기: 녹색실과 대바늘 2개로 2.5cm 길이의 4코 끈 뜨기를 한다(17쪽 참조).
꽃받침: 대바늘 4개로 계속해서 원형뜨기를 한다.
원형 1단: kfb 4회, 8코. 겉뜨기로 다섯 단을 원형뜨기한다.
원형 7단: 각 코에서 앞으로, 뒤로, 앞으로 겉뜨기 한다. 24코. 코를 마무리한다.

붙이기: 갈지(之)자 모양으로 끝을 계속 맞추면서 꽃송이의 밑단을 단단히 만든다. 이때 바깥 단의 끝이 아래로 향하게 하고 위치를 잘 맞추어 꿰맨다. 꽃받침에 남은 실을 꽃받침에 채워 넣고 꿰매어 붙인다.

21 감귤나무 잎
완성작 보기 ▶ 38, 43, 44쪽

실: 면 합태사
바늘: 양끝이 뾰족한 대바늘 2개

뜨는 방법

줄기: 대바늘로 2.5cm 길이의 3코 끈 뜨기를 한다(17쪽 참조). 이 3코를 갖고 뜨개질을 한다.
1단(겉쪽): 꼬은 코 만들기 방법으로 6코를 잡는다(16쪽 참조). 겉뜨기를 하다가 마지막 1코는 안뜨기를 한다. 9코
2단: 1단에서처럼 꼬은 코 만들기 방법으로 6코를 잡고, 끝까지 겉뜨기를 한다. 15코
3단: kfb, 4코 겉뜨기, ssk, 실을 앞으로 옮겨서 안뜨기 방향으로 1코 걸러뜨기, 2코 모아 겉뜨기, 3코 겉뜨기, kfb, 1코 겉뜨기
4단: 겉뜨기. 3단과 4단을 3회 반복한다.
11단: 1코 겉뜨기, ssk, 2코 겉뜨기, ssk, 실을 앞으로 옮겨서 1코 걸러뜨기, 2코 모아 겉뜨기, 2코 겉뜨기, 2코 모아 겉뜨기, 1코 겉뜨기. 11코
12단과 안쪽 단: 겉뜨기
13단: 5코 겉뜨기, 실을 앞으로 옮겨 1코 걸러뜨기, 5코 겉뜨기
15단: 1코 겉뜨기, ssk 2회, 실을 앞으로 옮겨서 1코 걸러뜨기, 2코 모아 겉뜨기 2회, 1코 겉뜨기. 7코
17단: 3코 겉뜨기, 실을 앞으로 옮겨 1코 걸러뜨기, 3코 겉뜨기
19단: 1코 겉뜨기, ssk, 실을 앞으로 옮겨서 1코 걸러뜨기, 2코 모아 겉뜨기, 1코 겉뜨기. 5코
21단: 1코 겉뜨기, sk2po, 1코 겉뜨기, 3코
23단: sk2po. 남은 코는 마무리한다.

22 떡갈나무 잎
완성작 보기 ▶ 43쪽

실: 모 병태사 올리브색, 황토색, 레몬색
바늘: 양끝이 뾰족한 대바늘 2개

뜨는 방법

주의: 1코를 마무리한 후 바늘에 걸려 있는 코를 포함시켜서 센다.

대바늘과 올리브색실로 2.5cm 길이의 3코 끈 뜨기를 한다(17쪽 참조). 이 3코를 갖고 뜨개질을 한다.
1단: 꼬은 코 만들기 방법으로 5코를 잡는다(16쪽 참조). 7코 겉뜨기. 1코 안뜨기. 8코
2단(겉쪽): 1단에서처럼 꼬은 코 만들기 방법으로 5코 잡는다. 6코 겉뜨기. 실을 앞으로 옮겨서 안뜨기 방향으로 1코 걸러뜨기. 6코 겉뜨기. 13코. 이후 모든 겉쪽 단에서 가운데 코를 이런 식으로 걸러뜬다.
3단: 겉뜨기
4단: 6코 겉뜨기. 1코 걸러뜨기. 6코 겉뜨기. 3단과 4단 반복한다.
7단: 2코 마무리하기. 11코 겉뜨기. 11코
8단: 2코 마무리하기. 4코 겉뜨기. 1코 걸러뜨기. 4코 겉뜨기. 9코. 계속 두 단을 뜬다
11단: 2코 잡기. 11코 겉뜨기. 11코
12단: 2코 잡기. 6코 겉뜨기. 1코 걸러뜨기. 6코 겉뜨기. 13코. 계속 두 단을 뜨는데, 두 번째 단에서 황토색실로 바꾼다.
15단: 3코 마무리하기. 10코 겉뜨기. 10코
16단: 3코 마무리하기. 3코 겉뜨기. 1코 걸러뜨기. 3코 겉뜨기. 7코. 계속 두 단을 뜬다.
19단: 2코 잡기. 9코 겉뜨기. 9코
20단: 2코 잡기. 5코 겉뜨기. 1코 걸러뜨기. 5코 겉뜨기. 11코. 계속 두 단을 뜨는데, 두 번째 단에서 레몬색실로 바꾼다.
23단: 3코 마무리하기. 8코 겉뜨기. 8코
24단: 3코 마무리하기. 2코 겉뜨기. 1코 걸러뜨기. 2코 겉뜨기. 5코. 계속 두 단을 뜬다.
27단: ssk, 1코 걸러뜨기. 2코 모아 겉뜨기. 3코. 코를 마무리한다.

23 레몬
완성작 보기 ▶ 44쪽

실: 면 합태사
바늘: 양끝이 뾰족한 대바늘 4개
부재료: 솜

뜨는 방법

시작코를 3코 잡는다.
1단(겉쪽): kfb 2회, 1코 겉뜨기. 5코
2단: 안뜨기
3단: 1코 겉뜨기. [m1, 1코 겉뜨기] 4회. 9코. 대바늘 3개에 각 3코씩 걸러떠서 원형뜨기를 한다.
원형 1단: 겉뜨기
원형 2단: *1코 겉뜨기. [m1, 1코 겉뜨기] 2회. *부터 2회 반복. 15코
원형 3단: 겉뜨기
원형 4단: *1코 겉뜨기. [m1, 1코 겉뜨기] 4회. *부터 2회 반복. 27코. 세 단을 겉뜨기한다.
원형 8단: *2코 겉뜨기. m1, 5코 겉뜨기. m1, 2코 겉뜨기. *부터 2회 반복. 33코. 세 단을 겉뜨기한다.
원형 12단: *3코 겉뜨기. m1, 5코 겉뜨기. m1, 3코 겉뜨기. *부터 2회 반복. 39코. 여덟 단을 겉뜨기한다.
원형 21단: *2코 겉뜨기. 2코 모아 겉뜨기. 5코 겉뜨기. 2코 모아 겉뜨기. 2코 겉뜨기. *부터 2회 반복. 33코. 세 단을 겉뜨기한다.
원형 25단: *2코 겉뜨기. 2코 모아 겉뜨기. 3코 겉뜨기. 2코 모아 겉뜨기. 2코 겉뜨기. *부터 2회 반복. 27코. 세 단을 겉뜨기한다.
원형 29단: *1코 겉뜨기. 2코 모아 겉뜨기 4회. *부터 2회 반복. 15코. 한 단을 겉뜨기한다.
원형 31단: *1코 겉뜨기. 2코 모아 겉뜨기 2회. *부터 2회 반복. 9코. 한 단을 겉뜨기한다.
솜을 집어넣는다.
원형 33단: *1코 겉뜨기. 2코 모아 겉뜨기. *부터 2회 반복. 6코
원형 34단: 2코 모아 겉뜨기 3회. 남은 3코를 한 번에 떠서 실을 매듭짓는다.
시작단의 끝을 막는다.

중급 디자인 | 57

24 레몬꽃
완성작 보기 ▶ 44쪽

실: 면 합태사 하얀색, 노란색

뜨는 방법

꽃잎: 하얀석실로 시작코를 4코 뜬다.
1단: 4코 겉뜨기
2단: 첫 코에서 (1코 겉뜨기, 1코 안뜨기, 1코 겉뜨기, 1코 안뜨기, 1코 겉뜨기), 돌려서 5코 겉뜨기, 돌려서 5코 안뜨기, 돌려서 5코 겉뜨기, 돌려서 2코 모아 안뜨기 2회, 1코 안뜨기, 실을 뒤로 가져가서 오른쪽 바늘로 첫 코 위로 두 번째 코와 세 번째 코를 걸러떠서 꽃잎을 완성한다.*
2코 안뜨기, 돌려서 1코 걸러뜨기, 2코 겉뜨기
3단: 4코 안뜨기

1단부터 3단까지 3회 반복한 후, 1단과 2단의 *까지 뜬다. 안뜨기 방향으로 코를 다무리한다.

붙이기: 메레야스뜨기를 바깥으로 향하게 해서 시작단과 끝단을 연결한다. 중심을 약간 모아준다. 중심의 주변에 노란색실로 작은 고리들을 원 모양으로 뜨고 안쪽에 박음질로 고정한다. 고리들을 자르고 정돈한다.

25 칼라
완성작 보기 ▶ 40쪽

실: 모 병태사 담녹색, 하얀색, 노란색
바늘: 양끝이 뾰족한 대바늘 4개

뜨는 방법

줄기: 담녹색실과 대바늘 2개로 2.5cm 길이의 3코 끈 뜨기를 한다(17쪽 참조). 이제 1단을 시작한다.
1단(겉쪽): 각 코에서 kpk를 한다. 9코. 9코를 대바늘 3개에 3코씩 나누어 옮긴다. 실을 하얀색으로 바꾸어서 원형뜨기를 한다.
원형 1단: 겉뜨기
원형 2단: [1코 겉뜨기, 다음 코에서 kpk, 1코 겉뜨기] 3회. 15코. 네 단을 겉뜨기한다. 이렇게 해서 생긴 공간에 여분의 실을 넣어 채운다.
원형 7단: [1코 겉뜨기, s2kpo, 1코 겉뜨기] 3회. 9코
불염포(큰 꽃 턱잎): 네 단을 겉뜨기로 원형뜨기하고, 그 후에는 단을 뜨는데, 계속 양끝이 뾰족한 대바늘로 뜬다.
1단과 안쪽 단: 안뜨기
2단: 1코 겉뜨기, [m1, 1코 겉뜨기] 8회. 17코
4단: 1코 겉뜨기, [m1, 1코 겉뜨기] 16회. 33코
안뜨기 단에서 시작해서 세 단을 메리야스뜨기한다.
8단: [2코 겉뜨기, 2코 모아 겉뜨기] 4회. 1코 겉뜨기, [ssk, 2코 겉뜨기] 4회. 25코
10단: [2코 겉뜨기, 2코 모아 겉뜨기] 3회. 1코 겉뜨기, [ssk, 2코 겉뜨기] 3회. 19코
12단: [2코 겉뜨기, 2코 모아 겉뜨기] 2회. 3코 겉뜨기, [ssk, 2코 겉뜨기] 2회. 15코
14단: 2코 겉뜨기, 2코 모아 겉뜨기, 2코 겉뜨기, s2kpo, 2코 겉뜨기, ssk, 2코 겉뜨기. 11코
16단: 2코 겉뜨기, 2코 모아 겉뜨기, s2kpo, ssk, 2코 겉뜨기. 7코
18단: 2코 겉뜨기, s2kpo, 2코 겉뜨기. 5코
20단: 1코 겉뜨기, s2kpo, 1코 겉뜨기. 3코
22단: s2kpo. 남은 코의 실을 매듭짓는다.
꽃술: 노란색실로 시작코를 10코 잡는다. 한 단을 겉뜨기한다. 첫 코를 걸러뜨고 코를 마무리한다.
붙이기: 꽃술을 꽃 안에 넣어 고정한다.

특수 약어

kpk—한 코에서 앞으로 겉뜨기, 뒤로 안뜨기, 앞으로 겉뜨기를 해서 3코를 만든다.

26 블루벨
완성작 보기 ▶ 33쪽

실: 모 합태사 파란색, 녹색
바늘: 양끝이 뾰족한 대바늘 2개

뜨는 방법

꽃: 파란색실로 시작코를 15코 잡는다.
1단(겉쪽): 겉뜨기
2단: 안뜨기
3단: [2코 모아 겉뜨기, 바늘 비우기] 7회, 1코 겉뜨기. 안뜨기 단에서 시작해서 세 단을 메리야스뜨기한다.
7단(겉쪽): 다음과 같이 솔기를 잇는다: [오른쪽 바늘을 다음 코와, 시작단에서 위치가 같은 코의 뒤 고리에 넣고 2코 모아 겉뜨기] 15코. 안뜨기 단에서 시작해서 다섯 단을 메리야스뜨기한다.
13단: s2kpo 5회, 5코. 한 단 안뜨기. 실을 끊고 코를 한 번에 떠서 모아준다.
줄기: 녹색실과 대바늘 2개로 6cm 길이의 3코 끈 뜨기를 한다(17쪽 참조).
붙이기: 줄기를 꽃 밑 부분에 놓고 꽃의 솔기를 잇는다. 녹색실로 작은 장식술을 만들어서 꽃 안쪽에 단다.

27 수러 국화
완성작 보기 ▶ 32쪽

실: 모 병태사 진한 파란색, 파란색, 하늘색
바늘: 양끝이 뾰족한 대바늘 2개

뜨는 방법

중심: 진한 파란색실로 시작코를 4코 잡는다. 실을 끊지 않는다.
1단(겉쪽): 파란색실로 3코 겉뜨기를 한다. 편물을 돌리고 실을 뒤로 가져가서 안뜨기 방향으로 1코 걸러뜬다. 2코 겉뜨기. 실을 끊지 않는다
2단과 3단: 진한 파란색실로 4코 모두 겉뜨기. 1단부터 3단까지 9회 반복한 후 1단과 2단을 한 번 더 뜬다. 진한 파란색실로 코를 마무리한다.
꽃잎: 겉쪽을 놓고 하늘색실로 긴 가장자리를 따라 줄에서 1코씩 주워서 겉뜨기를 한다. 22코
1단: kfb를 끝까지 한다. 44코
끝단: *꼬은 코 만들기 방법으로 3코를 잡는다(16쪽 참조). 5코를 마무리한다. 는은 코를 왼쪽 바늘로 옮긴다. *부터 반복한다. 남은 4코를 마무리한다.
붙이기: 중심에 남겨둔 진한 파란색실과 파란색을 고리에 연결하고 짧은 쪽 짧은 가장자리를 꽉 모은다. 꽃잎을 잡아 빼서 눌러준다.

28 라벤더
완성작 보기 ▶ 31쪽

실: 모 합태사 엷은 자주색, 녹색
바늘: 양끝이 뾰족한 대바늘 2개

뜨는 방법

꽃 머리(위에서 아래로 뜬다): 엷은 자주색실로 시작코를 3코 잡는다.
1단: kfb 2회, 1코 겉뜨기, 5코
2단: 안뜨기
3단: kfb 4회, 1코 겉뜨기, 9코
4단: 안뜨기
5단: 1코 겉뜨기, [뜨면서 코 만들기(16쪽 참조)로 시작코 3코 잡기, 3코 마무리하기, 1코 겉뜨기] 4회. 각각의 끝 머리를 살짝 잡아당겨서 펴준다.
6단: 안뜨기. 5단과 6단을 5회 반복한다.
17단: sk2po 3회, 3코, 녹색실로 바꾸어 3코 안뜨기. 대바늘 2개로 10cm 길이의 3코 끈 뜨기를 한다(17쪽 참조). 코를 마무리한다.
붙이기: 겉쪽에서 잇기를 하는데(17쪽 잇기 참조), 양쪽에서 반 코를 잡아서 꽃 머리의 단 끝을 연결한다.

29 캄파눌라
완성작 보기 ▶ 29쪽

실: 모 합태사 파란색, 녹색, 모 병태사 노란색
바늘: 양끝이 뾰족한 대바늘 4개

뜨는 방법

꽃: 파란색실로 시작코를 7코 잡는다.
원형 1단: 7코를 대바늘 3개에 나눠서 걸러뜨고 원형뜨기를 한다. 두 단을 겉뜨기한다.
원형 3단: kfb 6회, 1코 겉뜨기. 13코. 네 단을 겉뜨기한다.
원형 8단: kfb 12회, 1코 겉뜨기. 25코. 여섯 단을 겉뜨기한다.
원형 15단: *2코 모아 겉뜨기, 다음 코에서 [1코 겉뜨기, 바늘 비우기, 1코 겉뜨기, 바늘 비우기, 바늘 비우기, 1코 겉뜨기], 겉뜨기 방향으로 1코를 걸러뜨고, 1코 겉뜨기한 후 걸러뜨기했던 1코를 덮어씌운다. *부터 4회 반복. 45코. 한 단 겉뜨기. 코를 마무리한다.
줄기: 녹색실과 대바늘 2개로 2.5cm 길이의 3코 끈 뜨기를 한다(17쪽 참조). 실을 끊지 않는다.
받침: 대바늘 4개로 원형뜨기를 한다.
원형 1단: kfb 3회. 9코. 한 단 겉뜨기
원형 3단: [2코 겉뜨기, kfb] 3회. 15코. 한 단 겉뜨기
꽃받침: [3코 겉뜨기, 돌려서 3코 안뜨기, 돌려서 s2kpo, 실을 매듭짓는다] 5회
붙이기: 받침을 꽃에 꿰매고, 남겨놓은 실로 꽃받침을 꽃에 고정한다. 노란색실로 이중매듭 3개를 만든다. 그것들을 감아서 함께 꿰맨 후 꽃의 안쪽에 붙인다.

특수약어

kfb–1코의 앞에서, 뒤에서, 앞에서 한 번씩 겉뜨기를 해서 3코를 만든다

30 페튜니아
완성작 보기 ▶ 31쪽

실: 모 합태사 보라색, 엷은 자주색, 모 병태사 녹색
바늘: 양끝이 뾰족한 대바늘 2개

뜨는 방법

꽃: 보라색실로 시작코를 10코 잡는다.
1단(겉쪽): kfb, 6코 겉뜨기. 편물을 돌리고 실을 뒤로 옮겨서 겉뜨기 방향으로 1코 걸러뜨기, 끝까지 겉뜨기한다. 11코
2단: kfb, 5코 겉뜨기, 돌려서 1단에서처럼 1코 걸러뜨기, 끝까지 겉뜨기한다. 12코. 엷은 자주색실로 바꾼다.
3단과 4단: 겉뜨기
5단: kfb, 4코 겉뜨기, 돌려서 1코 걸러뜨기, 끝까지 겉뜨기. 13코
6단: kfb, 3코 겉뜨기, 돌려서 1코 걸러뜨기, 끝까지 겉뜨기. 14코
7단: 2코 모아 겉뜨기, 4코 겉뜨기, 돌려서 1코 걸러뜨기, 끝까지 겉뜨기. 13코
8단: 2코 모아 겉뜨기, 5코 겉뜨기, 돌려서 1코 걸러뜨기, 끝까지 겉뜨기. 12코
보라색실로 바꾼다.
9단과 10단: 겉뜨기
11단: 2코 모아 겉뜨기, 6코 겉뜨기, 돌려서 1코 걸러뜨기, 끝까지 겉뜨기. 11코
12단: 2코 모아 겉뜨기, 7코 겉뜨기, 돌려서 1코 걸러뜨기, 끝까지 겉뜨기. 10코
1단부터 12단까지 4회 반복한다. 코를 마무리한다.
꽃받침: 녹색실로 시작코를 6코 잡는다.
***1단(겉쪽):** 4코 겉뜨기, 돌리고 실을 뒤로 옮겨서 겉뜨기 방향으로 1코 걸러뜨기, 3코 겉뜨기
2단: 5코 겉뜨기, kfb. 7코
3단: 6코 마무리하기. 남은 코를 왼쪽 바늘로 옮겨서 꼬은 코 만들기(16쪽 참조) 방법으로 5코 만들기. 6코 모두 겉뜨기. *부터 3회 반복한 후 1단과 2단을 다시 뜬다. 코를 모두 마무리한다. 겉쪽을 놓고 직선 가장자리를 따라 각 꽃받침에서 3코를 주워 겉뜨기한다. 15코. 한 단을 겉뜨기한다.
2단: sk2po 5회. 5코. 세 단을 겉뜨기한다.

6단: 2코 모아 겉뜨기, 1코 겉뜨기, ssk. 3코. 이 3코를 다른 바늘에 옮겨서 3cm 길이의 끈 뜨기를 한다(17쪽 참조). 코를 마무리한다.
붙이기: 꽃잎의 뾰족한 부분을 잡아 빼내서 살짝 눌러준다. 솔기를 바깥쪽으로 놓고, 꽃의 시작단과 끝단을 잇는다. 바깥쪽의 가는 줄을 따라 남은 보라색실과 엷은 자주색실로 감침질을 한다. 꽃받침의 밑을 연결해서 꽃의 밑 부분에 붙인다. 녹색실로 꽃 중심에 작은 매듭을 만든다.

31 아네모네
완성작 보기 ▶ 26쪽

실: 모 병태사 검은색, 하얀색, 보라색

뜨는 방법

중심: 검은색실로 시작코를 5코 잡는다.
1단(겉쪽): 모든 코에서 [1코 겉뜨기, 바늘 비우기, 1코 겉뜨기]. 15코
2단: 안뜨기
3단: [kfb, b1, kfb] 5회. 25코
4단: [검은색실 1코 안뜨기, 하얀색실 3코 안뜨기, 검은색실 1코 안뜨기] 5회

첫 번째 꽃잎
1단(겉쪽): 보라색실 1코 겉뜨기, 하얀색실로 kfb 2회, 하얀색실 1코 겉뜨기, 보라색실 1코 겉뜨기. 돌린다. 7코
2단: 보라색실 2코 안뜨기, 하얀색실 pfb 2회, 하얀색실 1코 안뜨기, 보라색실 2코 안뜨기. 9코
3단: 보라색실로 kfb, 보라색실 2코 겉뜨기, [하얀색실 1코 겉뜨기, 보라색실 1코 겉뜨기] 2회, 보라색실로 kfb, 보라색실 1코 겉뜨기. 11코
계속 보라색실로 뜬다.
4단: pfb, 8코 안뜨기, pfb, 1코 안뜨기. 13코
5단: 1코 겉뜨기, [kfb, 2코 겉뜨기] 4회. 17코. 안뜨기로 시작해서 다섯 단을 메리야스뜨기한다.
11단: ssk 2회, 9코 겉뜨기, 2코 모아 겉뜨기 2회. 13코
12단과 14단: 안뜨기
13단: 1코 겉뜨기, ssk, 7코 겉뜨기, 2코 모아 겉뜨기, 1코 겉뜨기. 11코
15단: 1코 겉뜨기, ssk, 1코 겉뜨기, s2kpo, 1코 겉뜨기, 2코 모아 겉뜨기, 1코 겉뜨기. 7코
단의 끝에서 2코 모아 안뜨기를 하고 마지막 코로 실을 빼서 코를 마무리한다.
두 번째, 세 번째, 네 번째, 다섯 번째 꽃잎: 겉쪽을 놓고, 실을 연결해서 첫 번째 꽃잎처럼 각 5코에서 뜬다.
붙이기: 중심의 단 끝을 연결하고 시작단을 모아준다. 각 보블 주변에 러닝 스티치를 몇 땀 하고 단단하게 당긴다.

특수 약어

b1—보블 만들기: 다음 코에서 [1코 겉뜨기, 바늘 비우기, 1코 겉뜨기, 바늘 비우기, 1코 겉뜨기]. 돌려서 5코 안뜨기, 돌려서 5코 겉뜨기.
첫 번째 코 위로
두 번째부터 다섯 번째
코까지 차례로 걸러뜬다.

32 블랙베리
완성작 보기 ▶ 44쪽

실: 태피스트리용 모사 진한 자주색, 녹색
부재료: 실을 꿸 수 있는 검은색 구슬 54개, 솜

뜨는 방법

주의: 실에 비하여 작은 바늘을 사용하여 조직을 단단하게 뜬다. 실에 구슬을 먼저 꿴 후에 시작코를 잡는다.

베리(앞으로 1개, 뒤로 1개 만든다): 진한 자주색실로 시작코를 3코 잡는다.
1단(안쪽): kfb, 1코 안뜨기, kfb. 5코
2단: [1코 겉뜨기, b1] 2회, 1코 겉뜨기
3단: kfb, 3코 안뜨기, kfb. 7코
4단, 6단, 8단, 12단: 마지막 1코 전까지 [1코 겉뜨기, b1], 1코 겉뜨기
5단: kfb, 5코 안뜨기, kfb. 9코
7단: kfb, 7코 안뜨기, kfb. 11코
9단, 11단, 13단: 1코 겉뜨기, 9코 안뜨기, 1코 겉뜨기
10단: 2코 겉뜨기, [b1, 1코 겉뜨기] 4회, 1코 겉뜨기
14단: ssk, [b1, 1코 겉뜨기] 3회, b1, 2코 모아 겉뜨기. 9코
15단: 1코 겉뜨기, 7코 안뜨기, 1코 겉뜨기. 코를 마무리한다.

꽃받침(1개 만든다): 녹색실로 시작코를 6코 잡는다.
1단(겉쪽): 3코 마무리하기, 2코 겉뜨기, 3코
2단: 3코 겉뜨기, 돌려서, 꼬은 코 만들기 방법으로 3코를 만든다(16쪽 참조). 6코.
1단과 2단을 3회 반복하고, 1단에서 끝내면서 끝단의 모든 코를 마무리한다.

붙이기: 앞과 뒤를 꿰매고, 솜을 집어넣은 후에 맨 위에서 끝단을 연결한다. 겉쪽을 바깥으로 하여 꽃받침을 감아서 시작단과 끝단이 직선이 되게 한 후, 블랙베리의 꼭대기에 붙여서 꿰맨다.

특수 약어

b1—실을 앞으로 가져와 다음 코를 안뜨기 방향으로 걸러뜨고, 실에 걸린 구슬을 편물에 끼워 넣은 후, 실을 다시 뒤로 가져가서 다음 코를 겉뜨기할 준비를 한다.

33 장미봉오리
완성작 보기 ▶ 26쪽

실: 모 병태사 빨간색, 녹색
바늘: 양끝이 뾰족한 대바늘 2개

뜨는 방법

꽃잎: 빨간색실로 시작코를 4코 잡는다.
1단과 3단: kfb, 끝까지 겉뜨기
2단과 4단: 안뜨기하다가 2코 남기고 pfb, 1코 안뜨기
겉뜨기 단에서 시작하여 네 단을 메리야스뜨기한다.
9단: 1코 겉뜨기, 2코 모아 겉뜨기, 끝까지 겉뜨기
10단: 안뜨기 하다가 3코 남기고 2코 모아 안뜨기, 1코 안뜨기. 6코
1단부터 10단 까지 1회 반복. 8코
1단부터 10단 까지 1회 반복. 10코. 코를 마무리한다.
받침: 녹색실로 시작코를 4코 잡는다.
1단(겉쪽): 안뜨기
2단: 뜨면서 코 만들기 방법으로 3코 만든다(16쪽 참조). 3코 마무리하고, 3코 겉뜨기. 4코
3단: 안뜨기
4단: 겉뜨기. 1단부터 4단까지 4회 반복한다. 코를 마무리한다.
겉쪽을 놓고 직선 가장자리를 따라 12코를 주워 겉뜨기한다. 한 단 안뜨기
다음 단: 2코 모아 겉뜨기 6회. 6코. 한 단 안뜨기
다음 단: 2코 모아 겉뜨기 3회. 3코. 실을 끊지 않는다. 남은 코를 양끝이 뾰족한 대바늘로 걸러 뜨기하여 4cm 길이의 끈 뜨기를 한다(17쪽 참조). 코를 마무리한다.
붙이기: 꽃잎을 메리야스뜨기 뒷면이 바깥으로 향하게 해서 눌러주면서 끝단부터 봉오리 모양으로 만다. 직선 가장자리를 따라 모아서 꿰맨다. 받침의 옆 솔기를 연결하여 컵 모양으로 만들고 그 안에 봉오리를 꿰매어 단다.

34 장미
완성작 보기 ▶ 24쪽

실: 모 병태사

뜨는 방법

시작코를 5코 잡는다.
작은 꽃잎
1단: kfb, 4코 겉뜨기. 6코
2단: 4코 안뜨기, pfb, 1코 안뜨기. 7코
3단: 7코 겉뜨기
4단: 7코 안뜨기
5단: 1코 겉뜨기, 2코 모아 겉뜨기, 4코 겉뜨기. 6코
6단: 3코 안뜨기, 2코 모아 안뜨기, 1코 안뜨기. 5코. 1단부터 6단까지 3회 반복한다. 실을 끊지 않는다.
중간 꽃잎
1단과 3단: kfb, 끝까지 겉뜨기
2단과 4단: 안뜨기하다가 2코 남기고 pfb, 1코 안뜨기
5단과 7단: 9코 겉뜨기
6단과 8단: 9코 안뜨기
9단과 11단: 1코 겉뜨기, 2코 모아 겉뜨기, 끝까지 겉뜨기
10단과 12단: 안뜨기하다가 3코 남기고, 2코 모아 안뜨기, 1코 안뜨기. 5코. 1단부터 12단까지 2회 반복한다. 실을 끊지 않는다.
큰 꽃잎
1단, 3단, 5단: kfb, 끝까지 겉뜨기
2단, 4단, 6단: 안뜨기하다가 2코 남기고 pfb, 1코 안뜨기
7단, 9단, 11단: 11코 겉뜨기
8단, 10단, 12단: 11코 안뜨기
13단, 15단, 17단: 1코 겉뜨기, 2코 모아 겉뜨기, 끝까지 겉뜨기
14단, 16단, 18단: 3코 남기고 안뜨기, 2코 모아 안뜨기, 1코 안뜨기. 5코. 1단부터 18단까지 2회 반복한다.
다음 단: 1코 겉뜨기, 2코 모아 겉뜨기, 2코 겉뜨기
다음 단: 1코 안뜨기, 2코 모아 안뜨기, 1코 안뜨기
다음 단: 1코 겉뜨기, 2코 모아 겉뜨기
다음 단: 2코 모아 안뜨기. 실을 매듭짓는다.
붙이기: 꽃잎을 눌러준다. 메리야스뜨기 뒷면이 바깥으로 향하게 해서 시작단부터 느슨하게 말아간다. 직선 가장자리를 함께 살짝 꿰매어 받침을 평평하게 만든 후, 중심을 밀어 올린다. 받침에서 바깥쪽 가장자리를 모아 꿰맨다. 꽃잎을 뒤로 향하게 만드는데 잘 안 되면 김을 쐬면서 한다.

고급 디자인

35 작약
완성작 보기 ▶ 24쪽

실: 모 병태사- 분홍색, 연분홍색

뜨는 방법

바깥 꽃잎(5장 만든다): 분홍색실로 시작코를 6코 잡는다.
1단과 3단(겉쪽): 겉뜨기
2단: kfb 5회, 1코 겉뜨기. 11코
4단: [kfb, 2코 겉뜨기] 3회, kfb, 1코 겉뜨기. 15코
5–12단: 겉뜨기
13단: [1코 겉뜨기, 2코 모아 겉뜨기] 5회. 10코
14단: 겉뜨기
15단: 2코 모아 겉뜨기 5회. 5코. 남은 코를 여분의 바늘에 옮긴다.
꽃잎 연결하기: 뜨고 있는 바늘에 나머지 꽃잎 4장(5코씩 4개)의 코를 걸러떠서 옮기고, 겉뜨기를 한다. 25코. 한 단 겉뜨기.
다음 단: 1코 겉뜨기, [2코 모아 겉뜨기, 2코 겉뜨기] 6회. 19코. 한 단을 겉뜨기한다.
다음 단: 1코 겉뜨기, 2코 모아 겉뜨기 9회. 10코. 코를 마무리한다.

안쪽 꽃잎(5장 만든다): 분홍색실로 시작코를 4코 잡는다.
1단과 3단: 겉뜨기
2단: kfb 3회, 1코 겉뜨기. 7코
4단: 1코 겉뜨기, [kfb, 1코 겉뜨기] 3회. 10코
5–10단: 겉뜨기
11단: 1코 겉뜨기, [2코 모아 겉뜨기, 1코 겉뜨기] 3회. 7코
12단: 겉뜨기
13단: 2코 모아 겉뜨기 3회, 1코 겉뜨기. 4코
남은 코를 여분의 바늘에 옮긴다.
꽃잎 연결하기: 뜨고 있는 바늘에 나머지 꽃잎 4장(4코씩 4개)의 코를 걸러떠서 옮기고, 겉뜨기를 한다. 20코. 한 단 겉뜨기.
다음 단: [1코 겉뜨기, 2코 모아 겉뜨기, 1코 겉뜨기] 5회. 15코. 한 단을 겉뜨기한다.
다음 단: 2코 모아 겉뜨기 7회, 1코 겉뜨기. 8코. 코를 마무리한다.

중심: 연분홍색실로 시작코를 5코 잡는다.
1단(겉쪽): 1코 겉뜨기, *링 뜨기 1, 1코 겉뜨기, *1부터 끝까지 반복한다.
2단: kfb, 겉뜨기하다가 2코 남기고 kfb, 1코 겉뜨기. 1단과 2단을 1회 반복한다. 9코
1단을 다시 뜬다.
6단: 겉뜨기
7단: 링 뜨기 1, *1코 겉뜨기, 링 뜨기 1, *부터 끝까지 반복한다.
8단: 2코 모아 겉뜨기, 겉뜨기하다가 2코 남기고 2코 모아 겉뜨기
7단과 8단을 1회 반복한다. 5코. 코를 마무리한다.

붙이기: 꽃잎들을 원 모양으로 연결한다. 꽃잎의 실 끝을 매듭지으면서, 꽃잎들이 뒤에서 겹치게 밑 부분에서 실 끝으로 고정한다. 안쪽 꽃잎을 바깥 꽃잎 안에 넣어 꿰매고, 가볍게 모아주고 중심을 잘 맞추어 꿰맨다.

특수 뜨기

링 뜨기 1–1코 겉뜨기를 하되, 바늘에서 코를 떨어뜨리지 않는다. 실을 두 바늘 사이 앞으로 가져와서 왼쪽 엄지에 시계 방향으로 감았다가 다시 바늘 사이 뒤로 가져간다. 왼쪽 바늘의 코를 다시 겉뜨기하고 이번에는 코를 떨어뜨린다. 오른쪽 바늘의 두 번째 코를 방금 뜬 코 위로 걸러뜬다.

함께 보세요

14쪽
기본 뜨개법
대바늘뜨기 약어

16–17쪽
대바늘뜨기, 알아두세요

고급 디자인 63

36 월계화
완성작 보기 ▶ 22쪽

실: 모 병태사 분홍색, 녹색
바늘: 양끝이 뾰족한 대바늘 4개

뜨는 방법

첫 번째 꽃잎(2개 만든다): 분홍색실로 시작코를 3코 잡는다.
1단: 겉뜨기
2단과 안뜨기 단: 안뜨기
3단: 1코 겉뜨기, m1R, 1코 겉뜨기, m1L, 1코 겉뜨기. 5코
5단: 2코 겉뜨기, m1R, 1코 겉뜨기, m1L, 2코 겉뜨기. 7코
7단: 3코 겉뜨기, m1R, 1코 겉뜨기, m1L, 3코 겉뜨기. 9코
9단: 4코 겉뜨기, m1R, 1코 겉뜨기, m1L, 4코 겉뜨기. 11코.* 안뜨기 단에서 시작하여 세 단을 메리야스뜨기한다.
13단: ssk, 7코 겉뜨기, 2코 모아 겉뜨기. 9코
15단: ssk, 5코 겉뜨기, 2코 모아 겉뜨기. 7코
17단: ssk, 3코 마무리하기, 2코 모아 겉뜨기, 오른쪽 바늘의 두 번째 코를 첫 번째 코 위로 걸러뜨기. 실을 매듭짓는다.
세 번째, 네 번째 꽃잎: 첫 번째 꽃잎 뜨기의 *까지 뜬다. 다섯 단을 메리야스뜨기한 후, 첫 번째 꽃잎과 같이 완성한다.
다섯 번째, 여섯 번째 꽃잎: 첫 번째 꽃잎 뜨기의 *까지 뜬다. 일곱 단을 메리야스뜨기한 후, 첫 번째 꽃잎과 같이 완성한다.
줄기: 녹색실과 양끝이 뾰족한 대바늘 2개로 3㎝ 길이의 3코 끈 뜨기를 한다(17쪽 참조).
꽃받침(컵 모양): 양끝이 뾰족한 대바늘 4개로 원형뜨기를 한다.
원형 1단: <pk 3회. 9코. 네 단을 겉뜨기한다.
원형 6단: sk2po 3회. 3코
원형 7단: 3코의 각 코에서 [1코 겉뜨기, 바늘 비우기, 1코 겉뜨기, 바늘 비우기, 1코 겉뜨기]. 15코
첫 번째 꽃받침 잎
1단(앞쪽): 5코 겉뜨기. 돌린다.
2단과 4단: 안뜨기
3단: ssk, 1코 겉뜨기, 2코 모아 겉뜨기. 3코
5단: sk2po. 실을 매듭짓는다.
두 번째, 세 번째 꽃받침 잎: 겉쪽을 놓고, 실을 연결하여 첫 번째 꽃받침처럼 각각 5코로 뜬다.
붙이기: 첫 번째 꽃잎을 꽉 말아서 풀어지지 않게 고정한다. 말아놓은 꽃잎을 중심으로 다른 꽃잎들을 나선 모양으로 배열하여 하나씩 꿰맨다. 각 꽃받침 잎은 마지막 코를 매듭짓지 말고 사슬코 몇 코를 떠서 그 끝을 뾰족하게 늘인다. 컵 모양의 꽃받침을 제자리에 놓고 꿰맨다.

특수 약어

kpk-1코의 앞에서 겉뜨기, 뒤에서 안뜨기, 앞에서 겉뜨기 해서 3코 만들기
m1L-왼쪽 바늘의 끝으로 두 코 사이의 실 가닥을 들어 올려서 다른 코들과 같은 방향이 되게 놓고, 그 뒤에서 겉뜨기하기
m1R-왼쪽 바늘의 끝으로 두 코 사이의 실 가닥을 들어 올려서 다른 코들과 반대 방향이 되게 놓고, 그 앞에서 겉뜨기하기

37 해바라기
완성작 보기 ▶ 36쪽

실: 모 병태사 황갈색, 노란색

뜨는 방법

중심: 황갈색실로 시작코를 5코 잡는다.
1단(겉쪽): kpk, 1코 안뜨기, 1코 겉뜨기, pkp, 1코 겉뜨기. 9코
2단, 3단, 4단: 1코 겉뜨기, *1코 안뜨기, 1코 겉뜨기, *부터 끝까지 반복한다.
5단: kpk, [1코 안뜨기, 1코 겉뜨기] 3회, pkp, 1코 겉뜨기. 13코
6-14단: 2단과 같이 뜬다.
15단: 1코 겉뜨기, 3코 모아 안뜨기, [1코 겉뜨기, 1코 안뜨기] 2회, 1코 겉뜨기, 3코 모아 안뜨기, 1코 겉뜨기. 9코
16단, 17단, 18단: 2단과 같이 뜬다.
1코 겉뜨기, 3코 모아 안뜨기, 1코 겉뜨기, 3코 모아 안뜨기, 1코 겉뜨기를 하면서 코를 마무리한다.
꽃잎: 겉쪽을 놓고 노란색실로 가장자리에서 1코를 주워 겉뜨기한 후, 이 코를 왼쪽 바늘로 옮기고, 뜨면서 코 만들기 방법으로 3코를 만든다(16쪽 참조). 3코를 마무리한다. *가장자리에서 1코를 주워 겉뜨기하고, 그 위로 이미 오른쪽 바늘에 있는 코를 걸러뜬 후, 새로 만든 코를 왼쪽 바늘로 옮긴다. 앞에서처럼 3코를 만들고, 3코를 마무리한다. 가장자리를 둘러가면서 *부터 반복한다. 실을 매듭짓는다.

특수 약어

kpk-1코에서 (앞에서 겉뜨기, 앞에서 안뜨기, 뒤에서 겉뜨기)하여 3코를 만든다.
pkp-1코에서 (앞에서 안뜨기, 뒤에서 겉뜨기, 앞에서 안뜨기)하여 3코를 만든다.

38 파란 나비
완성작 보기 ▶ 27쪽

실: 모 병태사 연한 파란색, 진한 파란색
바늘: 양끝이 뾰족한 대바늘 2개

뜨는 방법

오른쪽 윗날개: 연한 파란색실로 시작코를 4코 잡는다.
1단(겉뜨기): kfb 3회, 1코 겉뜨기, 7코
2단: 안뜨기로 1코 꼬아뜨기, [1코 겉뜨기, 안뜨기로 1코 꼬아뜨기] 3회
3단: 겉뜨기로 1코 꼬아뜨기, [1코 안뜨기, 겉뜨기로 1코 꼬아뜨기] 3회. 2단과 3단(낱개맥)을 3회 반복한다.*
10단(안쪽): 날개맥 5코 뜨기, 돌려서, 안뜨기 방향으로 1코 걸러뜨기. 날개맥을 끝까지 뜬다.
11단: 날개맥 4코 뜨기, 돌려서 안뜨기 방향으로 1코 걸러뜨기. 날개맥을 끝까지 뜬다.** 실을 끊는다. 다른 바늘로 코들을 걸러뜬다. 겉면을 놓고, 진한 파란색실로 단 끝에서 뒤 가닥에서만 다음과 같이 뜬다. 짧은 쪽 가장자리에서 1코를 주워 겉뜨기하고, 바늘에서 7코를 겉뜨기하고, 긴 쪽 7 장자리에서 3코를 주워 겉뜨기한다. (필요하면 별도의 바늘로 옆 가장자리 코를 주운 후에 주운 코를 뜨고 있는 바늘로 걸러뜬다.) 11코. 첫 코를 걸러뜨기하고, 코들을 겉뜨기 방향으로 느슨하게 마무리한다.
오른쪽 아래 날개: 겉면을 놓고, 연한 파란색실로 1단에서 시작하는데, 뒤 가닥에서만 다음과 같이 뜬다. 윗날개의 짧은 쪽 가장자리 중 중간 앞을 따라 5코를 주워 겉뜨기한다.
1단: 첫 코에서 pfkb, 안뜨기로 1코 꼬아뜨기, 1코 겉뜨기, 다음 코에서 pfkb, 안뜨기로 1코 꼬아뜨기, 7코
2단: 겉뜨기로 1코 꼬아뜨기, [1코 안뜨기, 겉뜨기로 1코 꼬아뜨기] 3회
3단: 안뜨기로 1코 꼬아뜨기, [1코 겉뜨기, 안뜨기로 1코 꼬아뜨기] 3회. 2단과 3단을 1회 반복한다.
6단(겉뜨기): 날개맥 5코 뜨기, 돌려서 안뜨기 방향으로 1코 걸러뜨기, 날개맥 2코 뜨기, 돌려서 안뜨기 방향으로 1코 걸러뜨기, 날개맥을 끝까지 뜬다. 실을 끊는다. 다른 바늘로 코들을 걸러뜬다. 겉면을 놓고 진한 파란색실로 단 끝에 있는 코에서 뒤 가닥을 뜨고, 옆 가장자리에서 2코를 주워 겉뜨기하고, 바늘에서 7코를 겉뜨기한 후, 두 번째 옆 가장자리에서 2코를 주워 겉뜨기한다. 11코. 앞에서처럼 코를 마무리한다.
왼쪽 윗날개: 오른쪽 윗날개처럼 **까지 뜬 후에, 2단을 다시 뜬다.
11단(겉뜨기): 날개맥 5코 뜨기, 돌려서 안뜨기 방향으로 1코 걸러뜨기, 날개맥을 끝까지 뜬다.
12단: 날개맥 3코 뜨기, 돌려서 안뜨기 방향으로 1코 걸러뜨기, 날개맥을 끝까지 뜬다. 킨 쪽 가장자리에서 3코를, 짧은 쪽 가장자리에서 1코를 주워 오른쪽 윗날개처럼 **부터 뜬다.
왼쪽 아래 날개: 윗날개의 짧은 쪽 가장자리 중 중간 뒤를 따라 코를 주우면서 오른측 아래 날개에 맞게 뜬다.
몸체: 진한 파란색실과 대바늘로 시작코를 2코 잡는다.
kfb 2회, 돌려서 2코 모아 안뜨기를 2회하고 돌린다.
3cm 길이의 2코 끈 뜨기를 한다(17쪽 참조). skpo.
실을 매듭짓는다.
붙이기: 날개를 눌러주면서 모양을 잡는다.
중심에서 양 날개를 연결하여 몸체에 붙인다.
진한 파란색실 한 가닥으로 더듬이를 만든다.

특수 약어

pfkb-1코로 앞에서 안뜨기하고
뒤에서 겉뜨기하여 2코를 만든다.

39 아스파라거스
완성작 보기 ▶ 45쪽

실: 모 병태사 하얀색, 담녹색, 엷은 자주색
바늘: 양끝이 뾰족한 대바늘 4개   **부재료:** 솜

뜨는 방법

줄기: 하얀색실로 시작코를 9코 잡는다. 대바늘 3개에 3코씩 걸러뜨서 겉뜨기로 2.5cm 길이로 원형뜨기한다. 하얀색을 끊지 않고 담녹색실로 바꾼다.
첫 번째 포: 다음 바늘로 3코 겉뜨기를 하고, 돌려서 3코 안뜨기를 한 후, 돌려서 s2kpo를 한다. 실을 매듭짓는다. 다시 하얀색실로 시작하는데, 담녹색실로 뜬 첫 단 바로 밑, 뒤에 있는 하얀색 코에서 3코를 주워 겉뜨기한다. 9코로 원형뜨기를 계속하는데, 바늘을 번갈아가면서 하나씩 2.5cm 간격으로 길이 13cm가 될 때까지 포를 만든다. 하얀색실을 끊고 담녹색실로 바꾼다.
아스파라거스 끝: *다음 3코에서 (1코 겉뜨기, m1, 1코 겉뜨기, m1, 1코 겉뜨기) 하고 돌린다. 이렇게 만든 5코로 5코 안뜨기, 5코 겉뜨기, 5코 안뜨기하고 돌린다.
다음 단(겉뜨기): 2코 모아 겉뜨기, 1코 겉뜨기, ssk, 3코 안뜨기.
다음 단: s2kpo. 남은 코의 실을 매듭짓는다. *부터 2회 반복한다. 떠놓은 포 뒤에서 담녹색실로 3코를 주워 겉뜨기한다. 이 9코로 원형뜨기를 계속 하는데, 원형뜨기 두 단을 겉뜨기한다.
원형 3단: [다음 3코에서 1코 겉뜨기, m1, 1코 겉뜨기, m1, 1코 겉뜨기] 3회. 15코. 원형뜨기 세 단을 겉뜨기한다. 연한 자주색실로 바꾼다.
원형 7단: [2코 모아 겉뜨기, 1코 겉뜨기, ssk] 3회. 9코. 원형뜨기한 단을 겉뜨기한다. 끝을 솜과 실로 채운다.
원형 9단: s2kpo 3회. 남은 3코를 한 번에 떠서 실을 매듭짓는다.
붙이기: 남긴 실로 포의 아래 끝을 휘감는다. 연필로 솜을 줄기 속으로 밀어 넣는다. 열려 있는 줄기의 아래를 바느질해서 막는다.

40 나팔꽃
관성작 보기 ▶ 40쪽

실: 모 합태사 하얀색, 녹색
바늘: 양끝이 뾰족한 대바늘 4개

뜨는 방법

꽃: 하얀색실로 시작코를 5코 잡는다. 코를 대바늘 3개에 나눠 걸러뜨서 원형뜨기를 한다. 원형 뜨기 한 단을 겉뜨기한다.
원형 2단: kfb 5회. 10코. 네 단을 겉뜨기한다.
원형 7단: kfb 10회. 20코. 여덟 단을 겉뜨기한다.
원형 16단: [1코 겉뜨기, kfb] 10회. 30코. 네 단을 겉뜨기한다.
원형 21단: [2코 겉뜨기, kfb] 10회. 40코. 두 단을 겉뜨기한다.
원형 24단: [3코 겉뜨기, kfb] 10회. 50코. 두 단을 겉뜨기한다.
원형 27단: [4코 겉뜨기, kfb] 10회. 60코. 세 단을 겉뜨기한다.
원형 끝단: 2코를 마무리하고, *오른쪽 바늘의 1코를 왼쪽 바늘로 다시 보내고, 2코 잡기**. 8코 마무리하기 ***. *부터 ***까지 8회 반복. *부터 **까지 반복한 후, 2코를 마무리하고 실을 매듭짓는다.
중심: 녹색실로 시작코를 1코 잡는다.
1단: 1코에서 [1코 겉뜨기, 바늘 비우기, 1코 겉뜨기, 바늘 비우기, 1코 겉뜨기]한다. 안뜨기 단에서 시작하여 드 단을 메리야스뜨기한다.
4단: 5코 모아 안뜨기. 실을 매듭짓는다.
줄기: 녹색실과 대바늘 2개로 4.5cm 길이의 4코 끈 뜨기를 한다(17쪽 참조). 실을 끊지 않는다.
꽃받침: 각 코에서 [1코 겉뜨기, 바늘 비우기, 1코 겉뜨기, 바늘 비우기, 1코 겉뜨기, 바늘 비우기, 1코 겉뜨기]를 하고 돌린다. 28코. 코를 마무리한다.
붙이기: 중심을 꽃 안에 꿰매고 꽃받침을 꽃에 붙인다.

잎: 녹색실과 대바늘 2개로 시작코를 3코 잡는다.
1단: 겉뜨기
2단, 안뜨기단: 안뜨기
3단: kfb 2회, 1코 겉뜨기. 5코
5단: 1코 겉뜨기, kfb 2회, 2코 겉뜨기. 7코
7단: 2코 겉뜨기, kfb 2회, 3코 겉뜨기. 9코
9단: 3코 겉뜨기, kfb 2회, 4코 겉뜨기. 11코
11단: 4코 겉뜨기, kfb 2회, 5코 겉뜨기. 13코
13단: 5코 겉뜨기, kfb 2회, 6코 겉뜨기. 15코
15단: 6코 겉뜨기, kfb 2회, 7코 겉뜨기. 17코
17단: 7코 겉뜨기, kfb 2회, 8코 겉뜨기. 19코
19단: 8코 겉뜨기, kfb 2회, 9코 겉뜨기. 21코
21단: 3코 겉뜨기, 겉뜨기 방향으로 1코 걸러뜨기 2회, *왼쪽 바늘의 두 번째 코를 첫 번째 코 위로 들어 올리고 안뜨기 방향으로 걸러뜨기. 오른쪽 바늘의 두 번째 걸러뜨기 코를 방금 걸러 뜬 코 위로 들어 올리고 그 코를 다시 왼쪽 바늘로 돌려보내기**. *부터 **까지 1회 반복하기, 2코 겉뜨기, kfb 2회, 3코 겉뜨기, 겉뜨기 방향으로 1코 걸러뜨기 2회, *부터 **까지 2회 반복하기. 3코 겉뜨기. 15코

첫 번째 측면
다음 단(안쪽): 7코 안뜨기. 돌린다.
다음 단: 1코 겉뜨기, 겉뜨기 방향으로 1코 걸러뜨기, 21단의 *부터 **까지 2회 반복, 2코 겉뜨기. 3코. 코를 마무리한다. 안쪽 면을 놓고, 중심 코를 걸러뜨고, 남은 7코로 첫 번째 측면처럼 두 번째 측면을 뜬다.
줄기: 녹색실을 중심 코에 연결하여 사슬코 6코를 만든다(17쪽 참조). 실을 매듭짓는다.
붙이기: 잎줄기를 꽃줄기에 연결하는데, 사슬코의 실 끝으로 감침질하여 잎줄기를 튼튼하게 한다.

초급 디자인

41 크리스마스로즈
완성작 보기 ▶ 39쪽

실: 면 합태사 노란색, 황토색, 담녹색

뜨는 방법

중심: 노란색실로 사슬뜨기 5코를 뜨고 첫 코에서 빼뜨기를 해서 고리를 만든다.

원형 1단(겉쪽): 사슬뜨기 3코, 1길 긴뜨기 2코의 구슬뜨기, 사슬뜨기 2코, [1길 긴뜨기 3코의 구슬뜨기, 사슬뜨기 2코] 4회. 황토색실로 사슬뜨기 3코의 윗면에서 빼뜨기. 구슬뜨기 5회. 사슬뜨기 5코 공간 계속 황토색실로 뜬다.

원형 2단: [사슬뜨기 공간에서 짧은뜨기 5코] 5회. 담녹색실로 첫 번째 짧은뜨기에서 빼뜨기. 25코. 계속 담녹색실로 뜬다.

원형 3단: [다음 짧은뜨기에서 빼뜨기, 사슬뜨기 3코, 다음 짧은뜨기 3코의 중간 코에서 2길 긴뜨기 2코, 사슬뜨기 3코, 다음 짧은뜨기에서 빼뜨기] 5회. 첫 번째 빼뜨기에서 빼뜨기. 실을 보이지 않게 매듭짓는다(19쪽 참조).

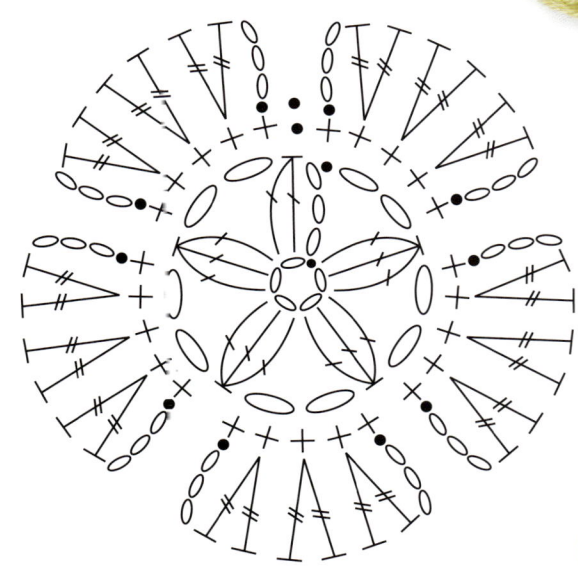

주요 기호
- ◯ 사슬뜨기
- ● 빼뜨기
- ✕ 짧은뜨기
- │ 긴뜨기
- ╪ 1길 긴뜨기
- ╪ 2길 긴뜨기
- ╪ 3길 긴뜨기

함께 보세요
- 12–13쪽 코바늘뜨기 기호
- 14쪽 기본 뜨개법
- 18–19쪽 코바늘뜨기, 알아두세요

42 미나리아재비
완성작 보기 ▶ 38쪽

실: 면 훈태사 녹색, 라임색, 노란색

뜨는 방법
녹색실로 사슬뜨기 4코를 뜨고 첫 코에서 빼뜨기를 해서 고리를 만든다.

원형 1단(겉 쪽): 사슬뜨기 1코, 원을 돌아가며 짧은뜨기 4코, 라임색실로 첫 번째 사슬뜨기에서 빼뜨기. 5도. 계속 라임색실로 뜬다.

원형 2단: 사슬뜨기 1코. 바로 밑 사슬뜨기에서 짧은뜨기 2코. 다음 짧은뜨기 4코의 각 코에서 짧은뜨기 3코. 첫 번째 사슬뜨기에서 노란색실로 빼뜨기. 15코. 계속 노란색실로 뜬다.

원형 3단: [사슬뜨기 2코. 다음 짧은뜨기 2코에서 1길 긴뜨기 2코 모아뜨기, 사슬뜨기 2코, 다음 짧은뜨기에서 빼뜨기] 5회. 2단의 빼뜨기에서 빼뜨기로 마무리한다. 실을 보이지 않게 매듭짓는다(19쪽 참조).

43 국화
완성작 보기 ▶ 37쪽

실: 모 병태사

뜨는 방법
사슬뜨기 4코를 뜬다.

겹 1단: 사슬뜨기 2코를 건너뛴다. 다음 사슬뜨기 2코의 각 코에서 짧은뜨기 1코, 사슬뜨기 17코, 돌려서 짧은뜨기 2코의 각 코에서 짧은뜨기 1코, 사슬뜨기 2코의 맨 위 코에서 짧은뜨기 1코.

겹 2단: 사슬뜨기 1코, 다음 짧은뜨기 2코의 각 코에서 짧은뜨기 1코, 사슬뜨기 17코, 돌려서 짧은뜨기 2코의 각 코에서 짧은뜨기 1코, 사슬뜨기 1코에서 짧은뜨기 1코. 겹 2단을 34회 반복한다. 실을 매듭짓는다.

붙이기: 고리들을 잡아 빼내어 눌러준다. 직선 가장자리를 말면서 꿰맨다.

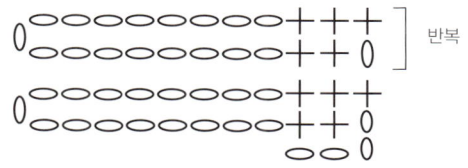
반복

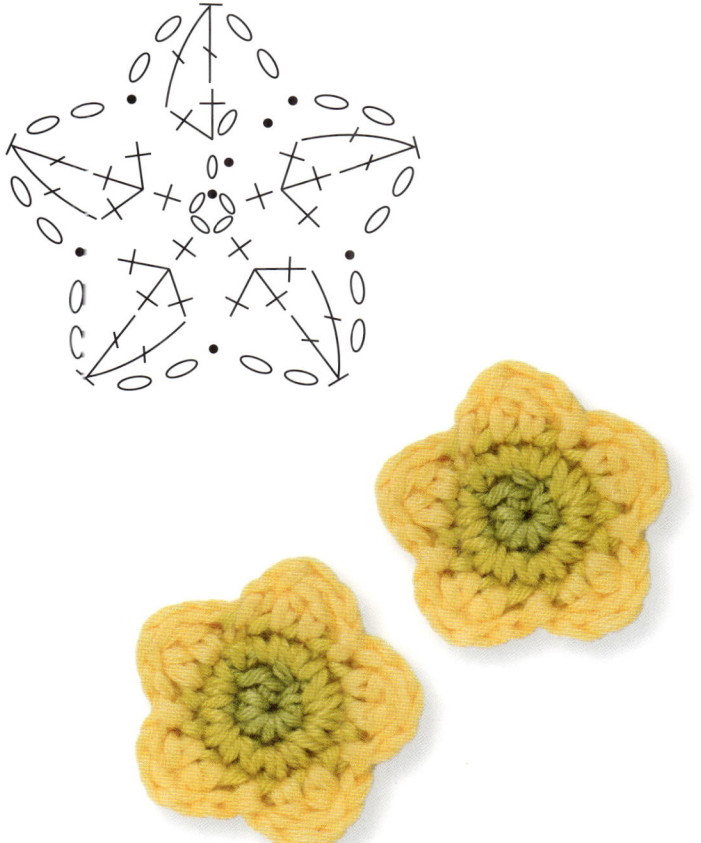

44 레이지데이지
완성작 보기 ▶ 41쪽

실: 면 병태사 노란색, 하얀색

뜨는 방법

중심: 노란색실로 사슬뜨기 6코를 뜨고 첫 코에서 빼뜨기를 해서 고리를 만든다.

1단(겉쪽): 사슬뜨기 1코, 고리에서 짧은뜨기 11코, 하얀색실로 첫 번째 사슬뜨기에서 빼뜨기. 12코

꽃잎: 계속 하얀색실로 뜬다.

2단: [사슬뜨기 11코, 다음 짧은뜨기에서 빼뜨기] 12회. 1단의 빼뜨기에서 빼뜨기를 하여 마무리한다. 실을 보이지 않게 매듭짓는다(19쪽 참조).

45 만개한 장미
완성작 보기 ▶ 22쪽

실: 모 병태사

뜨는 방법

실을 길게 남겨두고 사슬뜨기 48코를 뜬다.

1단(겉쪽): 사슬뜨기 4코를 건너뛰고, 다음 사슬뜨기 43코의 각 코에서 2길 긴뜨기 크. 마지막 사슬뜨기에서 1길 긴뜨기 1코. 45코

2단: 사슬뜨기 3코, 다음 2길 긴뜨기 43코의 각 코에서 2길 긴뜨기 3코, 사슬뜨기 4코의 맨 위 코에서 1길 긴뜨기 1코. 실을 길게 남겨두고 매듭짓는다.

붙이기: 넓어진 가장자리(2단)를 펴서 눌러준다. 사슬 가장자리를 첫 단의 시작 부분부터 시계 반대 방향으로 말면서 길게 남겨둔 실로 꿰맨다. 다 말고 난 후에는 2단에서 남겨둔 실을 장미의 중심으로 넣어 잡아 뺀다.

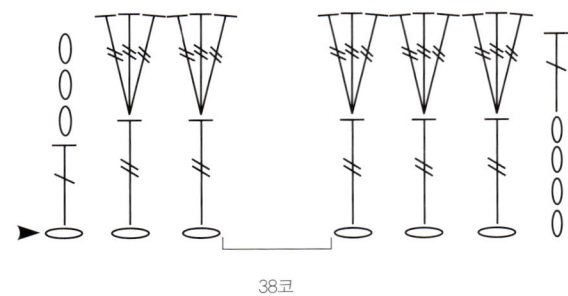

38코

**캐비지 로즈**
완성작 보기 ▶ 25쪽

실: 모 뽄태사 진분홍색, 연분홍색

뜨는 방법

진분홍색실로 사슬뜨기 99코를 뜬다.

꽃잎 1-4: 사슬뜨기 3코를 건너뛰고, 다음 사슬뜨기 2코의 각 코에서 1길 긴뜨기 1코, 사슬뜨기 2코, 다음 사슬뜨기에서 빼뜨기, [사슬뜨기 3코, 다음 사슬뜨기 2코의 각 코에서 1길 긴뜨기 1코, 사슬뜨기 2코, 다음 사슬뜨기에서 빼뜨기] 3회. 연분홍색실로 바꿔 계속 뜬다.

꽃잎 5-8: [사슬뜨기 4코, 다음 사슬뜨기 4코의 각 코에서 2길 긴뜨기 1코, 사슬뜨기 3코, 다음 사슬뜨기에서 빼뜨기] 4회

꽃잎 9-12: [사슬뜨기 4코, 다음 사슬뜨기 6코의 각 코에서 2길 긴뜨기 1코, 사슬뜨기 3코, 다음 사슬뜨기에서 빼뜨기] 4회

꽃잎 13-16: [사슬뜨기 5코, 다음 사슬뜨기 8코의 각 코에서 3길 긴뜨기 1코, 사슬뜨기 4코, 다음 사슬뜨기에서 빼뜨기] 4회. 실을 마무리한다.

붙이기: 꽃잎들을 눌러서 모양을 만든다. 작은 꽃잎부터 꽃잎의 단을 말면서 꿰매는데, 사슬뜨기 가장자리가 평평한 받침이 되게 만든다.

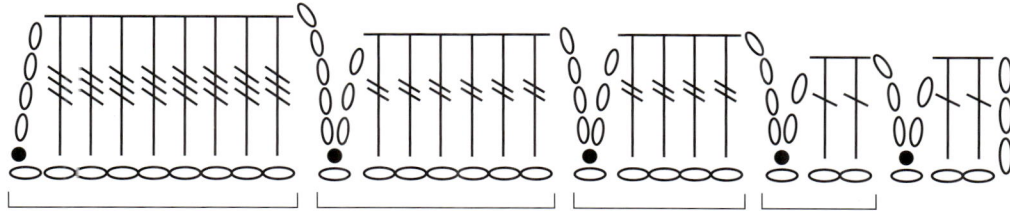

반복　　　반복　　　반복　　　반복

작은 장미

연분홍색실로 사슬뜨기 48코를 뜬다.

꽃잎 1-3: 위의 꽃잎 1-4처럼 뜨는데, [] 구간을 2회 뜬다.

꽃잎 4-6: 위의 꽃잎 5-8처럼 뜨는데, [] 구간을 3회 뜬다.

꽃잎 7-9: 위의 꽃잎 9-12처럼 뜨는데, [] 구간을 3회 뜬다.

붙이기: 위의 방법과 같다.

47 갯개미취
완성작 보기 ▶ 30쪽

실: 모 합태사 옅은 자주색, 녹색

뜨는 방법

꽃잎: 옅은 자주색실로 [사슬뜨기 9코, 사슬뜨기 1코를 건너뛰고 다음 사슬뜨기 8코의 각 코에서 빼뜨기] 37회. 실을 매듭짓는다. 꽃잎의 단을 잡아 빼주고 눌러준다.

중심: 첫 번째 꽃잎과 두 번째 꽃잎을 같은 면으로 놓고, 두 꽃잎 사이에서 녹색실을 연결하여 사슬뜨기 3코, 다음 사슬뜨기 3코 공간에서 1길 긴뜨기 3코 모아뜨기를 한다. *다음 사슬뜨기 4코 공간에서 1길 긴뜨기 4코 모아뜨기를 하고, *부터 끝까지 반복한다. 실을 길게 남기고 매듭짓는다.

붙이기: 중심을 말아서 꽃잎이 3층이 되게 만든다. 중심을 약간 모아 자리를 잘 잡아서 꿰맨다. 중심에서 남긴 실로 사슬뜨기 15코를 뜨고, 사슬뜨기 1코를 건너뛴 후, 남은 14코의 각 코에서 빼뜨기를 하여 줄기를 뜬다. 실을 매듭짓는다.

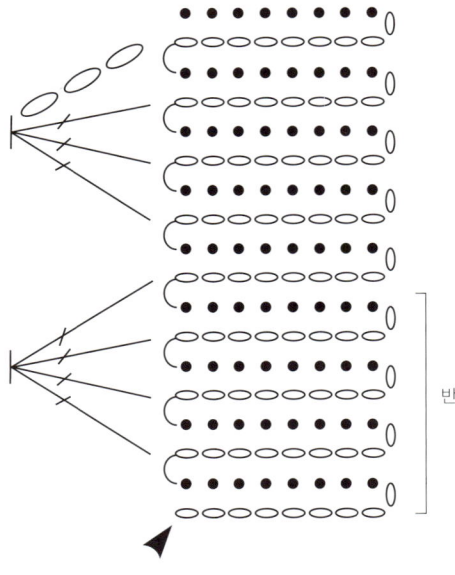

48 자주달개비
완성작 보기 ▶ 29쪽

실: 모 병태사 노란색, 보라색

뜨는 방법
노란색실로 사슬뜨기 4코를 뜨고 첫 코에서 빼뜨기를 해서 고리를 만든다.

1단(겉쪽): 사슬뜨기 3코, 고리에서 [짧은뜨기 1코, 사슬뜨기 2코] 2회, 보라색실로 사슬뜨기 3코의 첫 코에서 빼뜨기. 3코와 사슬뜨기 3코 공간. 계속 보라색실로 뜬다.

2단: [사슬뜨기 4코, 사슬뜨기 공간에서 2길 긴뜨기 3코의 구슬뜨기, 사슬뜨기 4코, 구슬뜨기 윗면에서 짧은뜨기 1코, 사슬뜨기 4코, 1단의 다음 짧은뜨기에서 빼뜨기] 3회. 1단의 빼뜨기에서 빼뜨기로 마무리한다. 실을 매듭짓는다.

49 물망초
완성작 보기 ▶ 33쪽

실: 모 합태사 노란색, 파란색, 녹색

뜨는 방법
꽃: 노란색실로 사슬뜨기 4코를 뜨고 첫 코에서 빼뜨기를 해서 고리를 만든다.

1단(겉쪽): 사슬뜨기 2코, 고리에서 짧은뜨기 9코, 파란색실로 사슬뜨기 2코의 맨 위 코에서 빼뜨기. 10코. 계속 파란색실로 뜬다.

2단: 사슬뜨기 5코, 다음 짧은뜨기 9코의 각 코에서 3길 긴뜨기 1코, 사슬뜨기 5코의 맨 위 코에서 빼뜨기. 실을 매듭짓는다.

줄기: 녹색실로 사슬뜨기 12코, 1코 건너뛰고 다음 사슬뜨기 7코의 각 코에서 빼뜨기.

잎: 사슬뜨기 5코, 2코 건너뛰고 다음 사슬뜨기에서 1길 긴뜨기 1코, 다음 사슬뜨기에서 짧은뜨기 1코, 다음 사슬뜨기에서 빼뜨기, 남은 사슬뜨기 4코의 각 코에서 빼뜨기. 실을 매듭짓는다.

붙이기: 줄기와 잎을 눌러준 후에 꽃의 뒤쪽으로 붙인다.

50 메코놉시스
완성작 보기 ▶ 32쪽

실: 모 병태사 노란색, 파란색

뜨는 방법

노란색실로 사슬뜨기 6코를 뜨고 첫 코에서 빼뜨기를 해서 고리를 만든다.

1단(겉쪽): 사슬뜨기 1코, 고리에서 짧은뜨기 9코, 파란색실로 사슬뜨기 1코에서 빼뜨기. 10코. 계속 파란색실로 뜬다.

2단: [사슬뜨기 4코, 다음 짧은뜨기에서 2길 긴뜨기 2코의 구슬뜨기, 사슬뜨기 4코, 다음 짧은뜨기에서 짧은뜨기 1코] 5회. 1단의 사슬뜨기 1코에서 빼뜨기하여 마무리한다. 실을 보이지 않게 매듭짓는다(19쪽 참조).

51 보리지
완성작 보기 ▶ 32쪽

실: 모 병태사 파란색 계열, 담녹색

뜨는 방법

꽃(7개 만든다): 파란색 계열의 실로 사슬뜨기 6코를 뜨고 첫 코에서 빼뜨기를 해서 고리를 만든다.

1단(겉쪽): [사슬뜨기 2코, 1길 긴뜨기 2코, 사슬뜨기 2코, 고리에서 빼뜨기] 4회. 꽃잎 4장. 실을 매듭짓는다.

2단: 꽃잎 사이에서 담녹색실을 연결하여, [꽃잎 사이 고리로 짧은뜨기 1코, 꽃잎 뒤에서 사슬뜨기 1코] 4회, 첫 짧은뜨기 뒤에서 빼뜨기하고 사슬뜨기 10코를 떠서 줄기를 만든다. 실을 보이지 않게 매듭짓는다(19쪽 참조).

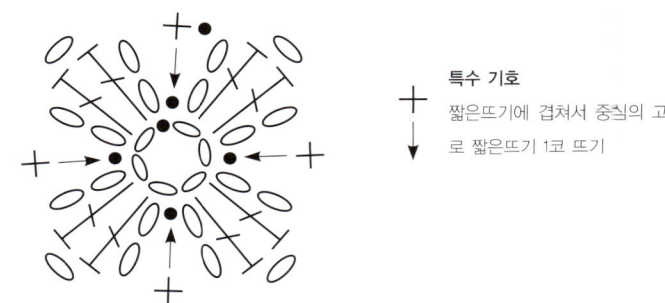

특수 기호
+ 짧은뜨기에 겹쳐서 중심의 고리로 짧은뜨기 1코 뜨기

초급 디자인 | 73

52 토끼풀
완성작 보기 ▶ 42쪽

실: 모 합태사

뜨는 방법

첫 잎: 사슬뜨기 5코를 뜬다. 겉쪽을 놓고, 2코 건너뛰고, 다음 사슬뜨기에서 짧은뜨기 1코, 다음 사슬뜨기에서 1길 긴뜨기 1코, 마지막 사슬뜨기에서 2길 긴뜨기 10코, 각 사슬뜨기의 남은 가닥에서 다음과 같이 뜬다: 다음 사슬뜨기에서 1길 긴뜨기 1코, 다음 사슬뜨기에서 짧은뜨기 1코, 다음 사슬뜨기에서 빼뜨기. 실을 매듭짓는다.

똑같이 2개를 더 뜨는데, 마지막 잎은 실을 매듭짓지 않는다.

줄기: 겉쪽을 놓고 매어져 있는 실로 사슬뜨기 9코를 뜨고, 1코를 건너뛰고, 다음 8코의 각 코에서 빼뜨기를 한다. 붙어 있는 잎의 첫 코에서 빼뜨기, 두 번째 잎의 첫 코에서 빼뜨기, 첫 번째 잎의 첫 코에서 빼뜨기, 줄기의 여덟 번째 빼뜨기 부분에서 빼뜨기를 한다. 실을 보이지 않게 매듭짓는다(19쪽 참조).

53 겨우살이
완성작 보기 ▶ 41쪽

실: 모 병태사 녹색, 하얀색

뜨는 방법

잎(겉쪽): 녹색실로 *사슬뜨기 14코를 뜨고, 5코를 건너뛰고, 다음 사슬뜨기 2코의 각 코에서 3길 긴뜨기 1코, 다음 사슬뜨기 2코의 각 코에서 2길 긴뜨기 1코, 다음 사슬뜨기 2코의 각 코에서 1길 긴뜨기 1코, 다음 사슬뜨기에서 긴뜨기 1코, 다음 사슬뜨기 2코의 각 코에서 짧은뜨기를 한다. *부터 1회 반복한다. 첫 사슬뜨기의 남은 가닥에서 빼뜨기를 한다. 실을 매듭짓지 않는다.

줄기: 사슬뜨기 9코를 뜨고, 1코를 건너뛰고, 다음 사슬뜨기 8코의 각 코에서 빼뜨기를 한다. 실을 보이지 않게 매듭짓는다(19쪽 참조).

열매(2개 만든다): 하얀색실로 사슬뜨기 2코를 뜨고, 1코를 건너뛰고, 다음 사슬뜨기에서 (1길 긴뜨기 1코, 짧은뜨기 1코)를 한다. 실을 보이지 않게 매듭짓는다.

붙이기: 잎을 눌러준다. 열매 두 개의 실 끝을 묶은 후 잎에 꿰맨다.

중급 디자인

54 은방울꽃
완성작 보기 ▶ 40쪽

실: 면 합태사 하얀색, 녹색

뜨는 방법

꽃(3개 만든다): 하얀색실로 원형코뜨기를 한다(18쪽 참조).
1단(겉쪽): 사슬뜨기 3코, 고리에서 1길 긴뜨기 9코, 실 끝을 잡아당겨서 고리를 죈다. 사슬뜨기 3코의 맨 위 코에서 빼뜨기. 10코
2단: 사슬뜨기 2코, 다음 1길 긴뜨기 코에서 1길 긴뜨기 1코, 사슬뜨기 1코, [다음 1길 긴뜨기 2코에서 모아뜨기, 사슬뜨기 1코] 4회. 첫 1길 긴뜨기의 맨 위 코에서 빼뜨기.
3단: 사슬뜨기 4코, 사슬뜨기 4코의 첫 사슬뜨기에서 빼뜨기. [2단의 사슬뜨기 1코에서 빼뜨기, 다음 모아뜨기 코에서 빼뜨기, 사슬뜨기 4코, 사슬뜨기 4코의 첫 사슬뜨기에서 빼뜨기] 4회, 다음 사슬뜨기에서 빼뜨기. 실을 보이지 않게 매듭짓는다(19쪽 참조).
줄기: 녹색실로 사슬뜨기 31코를 뜬다. 1코를 건너뛰고, 다음 사슬뜨기 15코의 각 코에서 빼뜨기, [사슬뜨기 3코, 사슬뜨기 3코의 첫 코를 건너뛰고, 다음 사슬뜨기 2코의 각 코에서 빼뜨기, 다음 사슬뜨기 7코의 각 코에서 빼뜨기] 2회. 마지막 사슬뜨기에서 짧은뜨기 1코. 실을 보이지 않게 매듭짓는다.

잎(겉쪽을 놓고 1단으로 뜬다): 녹색실로 사슬뜨기 1코를 뜬다. 1코를 건너뛰고 다음 사슬뜨기 3코의 각 코에서 짧은뜨기 1코, 다음 사슬뜨기에서 긴뜨기 1코, 다음 사슬뜨기 6코의 각 코에서 1길 긴뜨기 1코, 다음 사슬뜨기에서 긴뜨기 1코, 다음 사슬뜨기 2코의 각 코에서 짧은뜨기 1코, 사슬뜨기 5코, 사슬뜨기 3코를 건너뛰고, 다음 사슬뜨기에서 짧은뜨기 1코.
원래 바탕이 되는 사슬뜨기의 남은 가닥에서 다음과 같이 뜬다: 첫 사슬뜨기 2코의 각 코에서 짧은뜨기 1코, 다음 사슬뜨기에서 긴뜨기 1코, 다음 사슬뜨기 6코의 각 코에서 1길 긴뜨기 1코, 다음 사슬뜨기에서 긴뜨기 1코, 다음 사슬뜨기 3코의 각 코에서 짧은뜨기 1코.
각 사슬뜨기의 양 가닥에서 다음과 같이 뜬다: 다음 사슬뜨기에서 짧은뜨기 1코, 사슬뜨기 15코, 1코 건너뛰고, 다음 사슬뜨기 14코의 각 코에서 빼뜨기, 다음 사슬뜨기에서 짧은뜨기 1코. 실을 보이지 않게 매듭짓는다.

붙이기: 꽃을 줄기 꼭대기와 양 가지에 하나씩 꿰맨다. 줄기와 잎을 연결한다.

주요 기호	함께 보세요
○ 사슬뜨기	12–13쪽 코바늘뜨기 기호
● 빼뜨기	
+ 짧은뜨기	14쪽 기본 뜨개법
┬ 긴뜨기	
╀ 1길 긴뜨기	18–19쪽 코바늘뜨기, 알아두세요
╀ 2길 긴뜨기	
╀ 3길 긴뜨기	

중급 디자인

55 체꽃
완성작 보기 ▶ 33쪽

실: 모 병태사 하늘색, 진한 파란색

뜨는 방법

중심: 하늘색실로 원형코뜨기를 한다(18쪽 참조).
1단(겉쪽): 사슬뜨기 3코, 고리에서 1길 긴뜨기 15코, 실 끝을 잡아당겨서 고리를 죈다. 사슬뜨기 3코의 맨 위 코에서 빼뜨기. 16코
2단: 사슬뜨기 4코, [다음 1길 긴뜨기의 앞 가닥에서 빼뜨기, 사슬뜨기 3코] 15회. 사슬뜨기 4코의 첫 코에서 빼뜨기. 실을 보이지 않게 매듭짓는다(19쪽 참조).
꽃잎:
3단(겉쪽): 2단의 뒤, 1단에서 진한 파란색실을 사슬뜨기 3코의 맨 위 코에 연결하여 사슬뜨기 6코를 뜬다. 1길 긴뜨기 각 코의 뒤 가닥에서 [다음 1길 긴뜨기에서 빼뜨기, 사슬뜨기 5코] 15회 반복하고, 사슬뜨기 6코의 첫 코에서 빼뜨기한다. 실을 보이지 않게 매듭짓는다(19쪽 참조).

56 페리윙클
완성작 보기 ▶ 30쪽

실: 면 합태사 하늘색, 진한 파란색, 담녹색

뜨는 방법

꽃: 하늘색실로 사슬뜨기 4코를 뜨고 첫 코에서 빼뜨기를 해서 고리를 만든다.
1단(겉쪽): 사슬뜨기 4코, 고리에서 2길 긴뜨기 4코, 사슬뜨기 4코의 첫 코에서 빼뜨기. 5코
2단: 사슬뜨기 5코, [다음 2길 긴뜨기에서 짧은뜨기 1코, 사슬뜨기 4코] 4회. 사슬뜨기 5코의 첫 코에서 빼뜨기. 사슬뜨기 고리 5개. 실을 매듭짓는다.
3단: 꽃의 중심을 놓고, 진한 파란색실을 첫 번째 사슬뜨기 고리에 연결하여 사슬뜨기 3코를 뜬다. 사슬뜨기 고리에 1길 긴뜨기 2코의 구슬뜨기, 사슬뜨기 3코, 같은 고리에서 빼뜨기를 한다. [빼뜨기, 사슬뜨기 3코, 1길 긴뜨기 2코의 구슬뜨기, 사슬뜨기 3코, 다음 고리에서 빼뜨기] 4회. 첫 사슬뜨기에서 빼뜨기. 실을 보이지 않게 매듭짓는다(19쪽 참조).
줄기: 담녹색실로 사슬뜨기 11코를 뜨고, 1코를 건너뛴 후, 다음 사슬뜨기 10코의 각 코에서 빼뜨기. 실을 매듭짓는다.
붙이기: 꽃잎을 눌러준다. 줄기를 꽃 밑에 놓고 줄기의 남은 실을 꽃 중심 위로 잡아 뺀 후 매듭을 짓고 잘라내어 정돈한다. 줄기의 또 다른 실 끝으로 줄기를 꽃의 받침에 붙인다.

57 제라늄
완성작 보기 ▶ 28쪽

실: 면 합태사 주황색, 노란색, 보라색

뜨는 방법

중심: 주황색실로 사슬뜨기 5코를 뜨고 첫 코에서 빼뜨기를 해서 고리를 만든다.
1단(겉쪽): 사슬뜨기 1코, 고리에서 짧은뜨기 7코, 노란색실로 사슬뜨기 1코에 빼뜨기. 8코. 계속 노란색실로 뜬다.
2단: 사슬뜨기 2코, 바로 밑 코에서 짧은뜨기 1코, 사슬뜨기 2코, [다음 짧은뜨기에서 잡은뜨기 2코, 사슬뜨기 2코] 7회, 사슬뜨기 2코의 맨 위 코에서 빼뜨기. 실을 매듭짓는다.
3단: 보라색실을 사슬뜨기 공간에서 연결하여 사슬뜨기 2코를 뜨고, 바로 밑 사슬뜨기 공간에서 팝콘뜨기를 한다. 사슬뜨기 2코, 같은 사슬뜨기 공간에서 빼뜨기, [다음 사슬뜨기 공간에서 빼뜨기, 사슬뜨기 2코, 팝콘뜨기, 사슬뜨기 2코, 같은 사슬뜨기 공간에서 빼뜨기] 7회. 실을 보이지 않게 매듭짓는다(19쪽 참조).

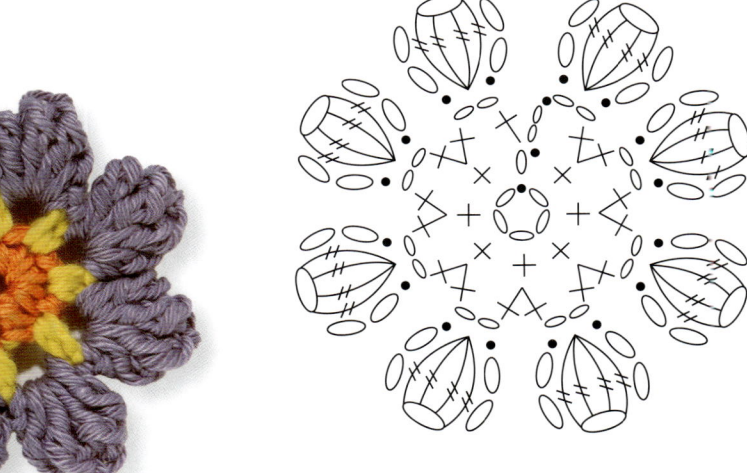

특수 코와 기호
팝콘뜨기-2길 긴뜨기 4코를 뜨고, 마지막 2길 긴뜨기의 고리에서 바늘을 뺀 후, 바늘을 첫 2길 긴뜨기 위 사슬에 넣고 아까 빼놓은 고리를 걸어 한 번에 뜬다.

58 포도
완성작 보기 ▶ 45쪽

실: 모 병태사 보라색 계열, 올리브색

뜨는 방법

포도알(19개 만든다): 보라색 계열의 실로 사슬뜨기 5코를 뜬다. 4코를 건너뛰고 다음 코에서 2길 긴뜨기 6코의 구슬뜨기를 한다. 실을 팽팽하게 잡아당겨서 코의 매끄러운 쪽(겉쪽)이 바깥으로 향하는 곡선이 되게 만든다. 사슬뜨기 4코를 뜨고 구슬 밑 부분의 코로 뒤에서 빼뜨기를 한다. 실을 매듭짓는다.
줄기: 올리브색실로 사슬뜨기 18코를 만든다. 1코를 건너뛰고, 다음 사슬뜨기 3코의 ㄱ 코에서 짧은뜨기 1코, 사슬뜨기 5코, 1코를 건너뛰고, 다음 사슬뜨기 4코의 각 코에서 짧은뜨기 1코, 남은 사슬뜨기 11코의 각 코에서 짧은뜨기 1코. 실을 보이지 않게 매듭짓는다(19쪽 참조).
붙이기: 포도알을 도안처럼 1, 2, 3, 4, 5, 4의 형태로 꿰매는데, 코의 방향을 다양하게 붙인다. 줄기에서 가장 짧은 가지를 포도송이 뒤에 붙인다.

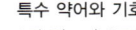

특수 약어와 기호
2길 긴뜨기 6코의 구슬뜨기-2길 긴뜨기 6개로 구슬뜨기를 한다: *[코바늘에 실을 두 번 감아 바늘을 사슬에 넣어 고리를 끌어내고, [실을 감아 바늘에 걸린 2개의 고리를 한 번에 잡아 뺀다] 2회, *부터 5회 반복한다. 실을 감아 바늘에 걸린 7개의 고리를 한 번에 잡아 뺀다.

59 앵초
완성작 보기 ▶ 28쪽

실: 모 단사 자수실 또는 모 합태사 라임색, 크림색, 보라색, 엷은 자주색

뜨는 방법

꽃: 라임색실을 5cm 정도 남기고 사슬뜨기 4코를 뜨고 첫 코에서 빼뜨기로 고리를 만든다.

1단(겉쪽): 사슬뜨기 4코, 고리에서 2길 긴뜨기 6코, 사슬뜨기 4코의 첫 코에서 빼뜨기. 7코. 실을 보이지 않게 매듭짓는다(19쪽 참조).

2단: 컵 모양의 편물을 안쪽에 놓고, 2길 긴뜨기 중 한 코에 크림색실을 연결한다. (사슬뜨기 4코, 바로 밑 코에서 2길 긴뜨기 2코), [사슬뜨기 1코, 다음 코에서 2길 긴뜨기 3코] 6회, 사슬뜨기 1코, 보라색실로 사슬뜨기 4코의 맨 위 코에서 빼뜨기. 21코. 계속 보라색실로 뜬다.

3단: 사슬뜨기 3코, 다음 2길 긴뜨기에서 1길 긴뜨기 3코, 다음 2길 긴뜨기에서 1길 긴뜨기 1코, [사슬뜨기 1코 건너뛰고, 사슬뜨기 1코, 다음 2길 긴뜨기에서 1길 긴뜨기 1코, 다음 2길 긴뜨기에서 1길 긴뜨기 3코, 다음 2길 긴뜨기에서 1길 긴뜨기 1코] 6회, 사슬뜨기 1코, 엷은 자주색실로 사슬뜨기 3코의 맨 위 코에서 빼뜨기. 계속 엷은 자주색실로 뜬다.

4단: 사슬뜨기 1코, 다음 1길 긴뜨기에서 1길 긴뜨기 2코, 다음 1길 긴뜨기에서 2길 긴뜨기 2코, 다음 1길 긴뜨기에서 1길 긴뜨기 2코, 다음 1길 긴뜨기에서 짧은뜨기 1코, 3단의 사슬뜨기 1코와 2단 사슬뜨기 1코를 둘러싸고 짧은뜨기 1코, [다음 1길 긴뜨기에서 짧은뜨기 1코, 다음 1길 긴뜨기에서 1길 긴뜨기 2코, 다음 1길 긴뜨기에서 2길 긴뜨기 2코, 다음 1길 긴뜨기에서 1길 긴뜨기 2코, 다음 1길 긴뜨기에서 짧은뜨기 1코, 3단 사슬뜨기 1코와 2단 사슬뜨기 1코를 둘러싸고 짧은뜨기 1코] 6회, 사슬뜨기 1코로 빼뜨기. 실을 보이지 않게 매듭짓는다.

줄기: 라임색실로 사슬뜨기 15코를 뜬다. 1코 건너뛰고, 다음 사슬뜨기 14코의 각 코에서 짧은뜨기를 한다. 실을 매듭짓는다.

붙이기: 꽃 뜨기에서 남긴 라임색실을 중심으로 빼서 매듭을 맺고 자른 다음 줄기를 붙인다.

┼ 특수 기호
↓ 3단 사슬뜨기 1코와 2단 사슬뜨기 1코를 둘러싸고 짧은뜨기 1코

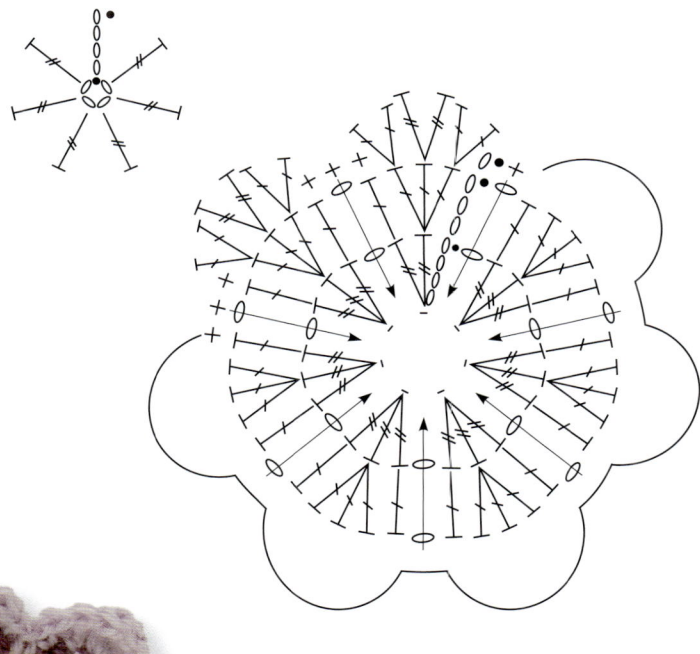

60 과꽃
완성작 보기 ▶ 29쪽

실: 면 합태사 진녹색, 담녹색, 연한 자주색

뜨는 방법

꽃: 진녹색실을 길게 남기고 원형코뜨기를 한다(18쪽 참조).
1단(겉쪽): 사슬뜨기 3코, 고리에서 1길 긴뜨기 4코, 실 끝을 잡아당겨 고리를 죈다. 5도
2단: 사슬뜨기 3코, 다음 1길 긴뜨기 3코의 각 코에서 1길 긴뜨기 2코, 사슬뜨기 3코의 맨 위 코에서 1길 긴뜨기 1코. 8코. 실을 매듭짓는다.
3단: 담녹색실을 마지막 1길 긴뜨기 윗면의 앞 가닥에 연결한다. [사슬뜨기 5코, 다음 1길 긴뜨기의 앞 가닥에서 빼뜨기] 6회, 사슬뜨기 5코, 사슬뜨기 3코의 맨 위 코의 앞 가닥에서 빼뜨기. 고리 7개. 실을 보이지 않게 매듭짓는다(19쪽 참조).
4단: 겉쪽을 놓고. 고리를 앞으로 접고 2단 마지막 1길 긴뜨기의 뒤 가닥에서 연한 자주색실을 연결한다. [사슬뜨기 8코, 1코 건너뛰고, 다음 사슬뜨기에서 짧은뜨기 1코, 다음 사슬뜨기에서 중간 긴뜨기 1코, 다음 사슬뜨기 3코의 각 코에서 1길 긴뜨기 1코, 다음 사슬뜨기에서 중간 긴뜨기 1코, 다음 사슬뜨기에서 짧은뜨기 1코, 다음 1길 긴뜨기의 뒤 가닥에서 빼뜨기] 7회, 2단 사슬뜨기 3코의 맨 위 코의 뒤 가닥에서 빼뜨기로 마무리한다. 실을 보이지 않게 매듭짓는다.
줄기: 겉쪽을 놓고. 토대가 되는 원형코에 코바늘을 넣어 길게 남겨둔 실을 잡아 뺀다. 사슬뜨기 10코를 뜨고 코를 건너뛴 후, 사슬뜨기 9코의 각 코에서 빼뜨기를 한다. 실을 보이지 않게 매듭짓는다.

61 스코틀랜드 엉겅퀴
완성작 보기 ▶ 28쪽

실: 면 합태사 회녹색, 흐린 자주색

뜨는 방법

회녹색실로 사슬뜨기 5코를 뜨고 첫 코에서 빼뜨기를 해서 고리를 만든다.
원형 1단(겉쪽): 사슬뜨기 2코, 고리에서 짧은뜨기 7코, 사슬뜨기 2코의 맨 위 코로 빼뜨기. 8코
원형 2단: 사슬뜨기 1코. [다음 짧은뜨기에서 짧은뜨기 2코, 다음 짧은뜨기에서 짧은뜨기 1코] 3회, 다음 짧은뜨기에서 짧은뜨기 2코, 사슬뜨기 1코로 빼뜨기. 12코
원형 3단: 사슬뜨기 1코. [다음 짧은뜨기에서 짧은뜨기 2코, 다음 짧은뜨기에서 짧은뜨기 1코] 5회, 다음 짧은뜨기에서 짧은뜨기 2코, 사슬뜨기 1코로 빼뜨기. 18코. 단을 표시하고 계속해서 짧은뜨기를 한다.
원형 7단: [다음 짧은뜨기 2코에서 모아뜨기, 다음 짧은뜨기에서 짧은뜨기 1코] 6회. 2코. 연속하여 두 단을 뜨고 다음 짧은뜨기에서 빼뜨기로 마무리한다.
원형 10단: *사슬뜨기 2코, 첫 코에서 빼뜨기, 다음 코에서 빼뜨기, *부터 반복. 첫 사슬뜨기에서 빼뜨기로 마무리한다. 실을 보이지 않게 매듭짓는다(19쪽 참조).
꽃술: 연한 자주색실을 13cm 길이로 자르는데, 실을 반으로 접었을 때 엉겅퀴 머리를 채울 수 있을 정도로 많이 자른다. 자른 실을 반으로 접어 묶어서 장식술을 만들고 공간에 넣어 채운다.
줄기: 회녹색실로 사슬뜨기 12코를 뜬다. 1코는 건너뛰고. 다음 사슬뜨기 11코에서 빼뜨기, 돌려서 사슬뜨기 1코, 빼뜨기 1코 건너뛰고, 남은 빼뜨기 각 코의 한 가닥에서 빼뜨기. 실을 매듭짓는다. 엉겅퀴의 밑 부분에 꿰맨다.

62 아이리시 로즈

완성작 보기 ▶ 23쪽

실: 모 합캐사 진분홍색, 분홍색, 연분홍

뜨는 방법

원형 1단(겉쪽): 진분홍색실로 원형코뜨기를 한다(18쪽 참조). 사슬뜨기 2코, 고리에서 짧은뜨기 7코, 실 끝을 잡아당겨 고리를 죈다. 사슬뜨기 2코의 맨 위 코로 빼뜨기. 8코

원형 2단: ㅅ 슬뜨기 2코, 첫 사슬뜨기의 밑 부분에서 짧은뜨기 1코, 다음 7코의 각 코에서 짧은즈기 2코, 사슬뜨기 2코의 맨 위 코로 빼뜨기. 16코

원형 3단: 사슬뜨기 4코, [짧은뜨기 1코 건너뛰고 다음 짧은뜨기에서 짧은뜨기 1코, 사슬뜨기 3코] 7회, 사슬뜨기 4코의 첫 코로 빼뜨기. 사슬뜨기 8코 공간

원형 4단: 각 사슬뜨기 공간에서 [짧은뜨기 1코, 긴뜨기 1코, 1길 긴뜨기 1코, 긴뜨기 1코, 짧은뜨기 1코]. 꽃잎 8개. 분홍색실로 매듭짓고 계속 분홍색으로 뜬다.

원형 5단: 꽃잎을 앞으로 접고 꽃잎 뒤로 뜨개질을 한다. 다음 꽃잎의 첫 3코 중에서 각 코 밑 부분이 되는 2가닥에서 빼뜨기, [사슬뜨기 3코, 다음 꽃잎의 중심에 있는 1길 긴뜨기 밑 부분에서 짧은뜨기 1코] 7회, 사슬뜨기 3코, 빼뜨기 3코의 세 번째 빼뜨기에서 빼뜨기

원형 6단: 각 사슬뜨기 공간에서 [짧은뜨기 1코, 긴뜨기 1코, 1길 긴뜨기 3코, 긴뜨기 1코, 짧은뜨기 1코]. 연분홍색실로 매듭짓고 계속 연분홍색실로 뜬다.

원형 7단: 5단에서처럼 꽃잎을 앞으로 접고 꽃잎의 뒤로 뜨개질을 한다. 다음 4코의 각 코 밑 부분에서 빼뜨기, [사슬뜨기 5코, 가운데 1길 긴뜨기의 밑 부분에서 짧은뜨기 1코] 7회, 사슬뜨기 5코, 빼뜨기 4코의 네 번째 코에서 빼뜨기

원형 8단: Z- 사슬뜨기 공간에서 [짧은뜨기 1코, 긴뜨기 1코, 1길 긴뜨기 5코, 긴뜨기 1코, 짧은즈기 1코]. 실을 매듭짓는다.

특수 기호

• ↓ 바로 밑 코의 뒤 밑 부분에서 빼뜨기

+ ↓ 바로 밑 코의 뒤 밑 부분에서 짧은뜨기

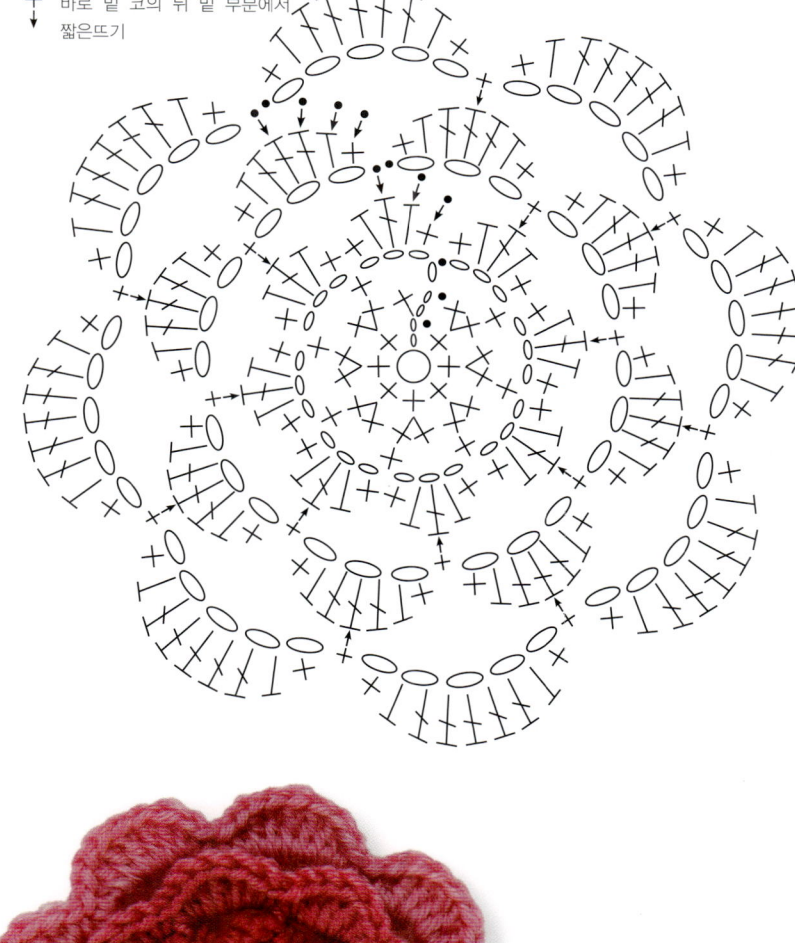

63 롤드 로즈와 장미봉오리

완성작 보기 ▶ 25쪽

실: 면 자수실 연분홍색, 분홍색, 진분홍색, 녹색

뜨는 방법

장미:

피코 단: 분홍색실로 사슬뜨기 5코를 뜬다. 4코를 건너뛰고. 다음 사슬뜨기에서 짧은드기 1코, [사슬뜨기 8코, 4코 건너뛰고, 다음 사슬뜨기에서 짧은뜨기 1코] 6회, 편물을 돌린다. 피코 7개

1단(안쪽): 사슬뜨기 1코, 첫 피코 공간에서 짧은뜨기 7코, [사슬뜨기 3코 위로 빼뜨기 1코, 다음 피코에서 짧은뜨기 7코] 6회. 실을 매듭짓는다. 편물을 돌리지 않고, 첫 사슬뜨기에서 분홍색실을 연결한다.

2단: 사슬뜨기 1코, [짧은뜨기 2코의 각 코에서 짧은뜨기 1코, 다음 짧은뜨기 3코의 각 코에서 긴뜨기 2코, 다음 짧은뜨기 2코의 각 코에서 짧은뜨기 1코, 피코와 피코 사이의 사슬뜨기 3코 위로 빼뜨기] 5회. 실을 매듭짓는다. 편물을 돌리지 않고, 첫 사슬뜨기에서 진분홍색실을 연결한다.

3단: 사슬뜨기 1코, [짧은뜨기 2코의 각 코에서 짧은뜨기 1코, 다음 긴뜨기에서 긴뜨기 1코, 다음 긴뜨기 4코의 각 코에서 1길 긴뜨기 1코, 다음 긴뜨기에서 긴뜨기 1코, 다음 짧은뜨기 2코의 각 코에서 짧은뜨기 1코, 피코와 피코 사이의 사슬뜨기 3코 위로 빼뜨기] 3회. 실을 매듭짓는다.
가장 작은 꽃잎을 중심에 놓고 말면서 꿰맨다.

줄기: 녹색실을 10㎝ 정도 남겨놓고 장미의 밑 부분에 연결한다. 남겨둔 실로 사슬뜨기와 사슬뜨기 사이를 뜨면서 사슬뜨기 11코를 만든다. 사슬뜨기 1코를 건너뛰고 다음 사슬뜨기 10코의 각 코에서 짧은뜨기 1코를 뜬다. 실을 매듭짓는다.

꽃받침: 사슬뜨기 5코를 떠서 줄기에 감고 첫 사슬뜨기에서 빼뜨기를 한다.
원형 1단: 사슬뜨기 1코, 사슬뜨기 5코 공간에서 짧은뜨기 9코, 첫 짧은뜨기 코에서 빼뜨기. 9코
원형 2단: 사슬뜨기 1코, 각 짧은뜨기 코에서 짧은뜨기 1코, 첫 짧은뜨기 코에서 빼뜨기
원형 3단: 사슬뜨기 1코, [첫 짧은뜨기에서 짧은뜨기 2코, 다음 짧은뜨기 2코의 각 코에서 짧은뜨기 1코] 3회, 첫 짧은뜨기에서 빼뜨기. 12코. 꽃받침을 장미 밑 부분에 꿰맬 정도의 실을 남기고 매듭짓는다.

장미봉오리(3개 만든다): 연분홍색실로 피코 6개로 이루어진 장미의 피코 단을 뜬 후에 편물을 돌린다. [ ]를 5회 반복하면서 1단을 뜬다. 실을 매듭짓는다.
1단이 겉쪽이라는 사실을 기억하고서 편물을 말아 장미봉오리 모양을 만들면서 꿰맨다.

줄기: 녹색실로 사슬뜨기 12코를 뜨고, 첫 번째 봉오리의 밑 부분에서 빼뜨기를 한 후 편물을 돌린다. 사슬뜨기 4코의 각 코에서 빼뜨기, 사슬뜨기 4코. 두 번째 봉오리의 밑 부분에서 빼뜨기를 한 후 편물을 돌린다. 사슬뜨기 4코의 각 코에서 빼뜨기, 사슬뜨기 4코. 세 번째 봉오리의 밑 부분에서 빼뜨기를 한 후 편물을 돌린다. 사슬뜨기 4코와 첫 사슬뜨기 8코의 각 코에서 빼뜨기를 한다. 실을 매듭짓는다.

꽃받침: 왼손으로 봉오리를 잡고. 손가락과 봉오리 밑 부분에 실을 한 번 감아 고리를 만든다.
원형 1단: 사슬뜨기 1코, 고리에서 짧은뜨기 6코, 실 끝을 잡아당겨서 고리를 죄고, 첫 짧은뜨기에서 빼뜨기
원형 2단: 사슬뜨기 1코, 각 짧은뜨기에서 짧은뜨기 2코, 첫 짧은뜨기에서 빼뜨기. 실을 매듭짓는다. 두 번째와 세 번째 봉오리도 같은 방식으로 마무리한다. 꽃받침을 봉오리 밑 부분에 꿰맨다.

중급 디자인 | 81

64 들장미
완성작 보기 ▶ 24쪽

실: 모 병태사 노란색, 하얀색, 분홍색

뜨는 방법

중심: 노란색실로 원형코뜨기를 한다(18쪽 참조).
1단(겉쪽): 사슬뜨기 2코, 고리에서 짧은뜨기 9코, 실 끝을 잡아당겨서 고리를 죈다. 하얀색실로 사슬뜨기 2코의 맨 위 코에서 빼뜨기를 한다. 10코. 계속 하얀색실로 뜬다.
2단: 사슬뜨기 1코, [다음 짧은뜨기에서 짧은뜨기 2코, 다음 짧은뜨기에서 짧은뜨기 1코] 4회, 다음 짧은뜨기에서 짧은뜨기 2코, 분홍색실로 사슬뜨기 1코에서 빼뜨기를 한다. 15코. 실을 매듭짓는다. 계속 분홍색실로 뜬다.

첫 번째 꽃잎

1단(겉쪽): 사슬뜨기 1코, 다음 짧은뜨기 2코의 각 코에서 짧은뜨기 1코. 3코.
2단: 사슬뜨기 1코, 다음 짧은뜨기 코에서 짧은뜨기 1코, 사슬뜨기 1코에서 짧은뜨기 1코
3단: 사슬뜨기 4코, 바로 밑의 짧은뜨기에서 (3길 긴뜨기 1코, 2길 긴뜨기 1코), 다음 짧은뜨기에서 1길 긴뜨기 1코, 사슬뜨기 1코에서 (2길 긴뜨기 1코, 3길 긴뜨기 1코, 2길 긴뜨기 1코). 7코. 실을 보이지 않게 매듭짓는다(19쪽 참조).

두 번째 꽃잎(겉쪽): 2단의 다음 짧은뜨기에서 분홍색실을 연결한 후 첫 번째 꽃잎과 똑같이 뜬다. 똑같은 방식으로 꽃잎 3개를 더 뜬다.
수술: 노란색실을 약 12cm 길이로 4개 자른다. 자른 실 1개를 돗바늘에 꿰어 매듭지을 길이만큼 남겨두고 중심 고리의 가장자리에 꽂아서 뒷면에 박음질을 한 후 바늘을 다시 앞으로 가져온다. 나머지 실도 똑같이 한 후 매듭을 짓고 정돈한다.

65 올드패션드 핑크
완성작 보기 ▶ 26쪽

실: 면 합태사 분홍색, 자홍색, 하얀색

뜨는 방법

중심: 분홍색실로 원형코뜨기를 한다(18쪽 참조).
1단(겉쪽): 사슬뜨기 3코, 고리에서 1길 긴뜨기 9코, 실 끝을 잡아당겨서 고리를 죈다. 자홍색실로 사슬뜨기 3코의 맨 위 코에서 빼뜨기를 한다. 10코. 계속 자홍색실로 뜬다.
2단: 사슬뜨기 1코, 바로 밑 코에서 짧은뜨기 1코, 다음 1길 긴뜨기 9코의 각 코에서 짧은뜨기 2코. 하얀색실로 사슬뜨기 1코에서 빼뜨기를 한다. 20코. 계속 하얀색실로 뜬다.

첫 번째 꽃잎

1단(겉쪽): 사슬뜨기 4코, 다음 짧은뜨기 3코의 각 코에서 2길 긴뜨기 2코. 편물을 돌린다.
2단: 사슬뜨기 1코, 다음 2길 긴뜨기 5코의 각 코에서 짧은뜨기 1코
3단: [사슬뜨기 4코, 다음 짧은뜨기에서 빼뜨기] 4회, 사슬뜨기 4코, 사슬뜨기 1코에서 빼뜨기. 편물을 돌리지 않는다. 사슬뜨기 4코, 2단의 다음 짧은뜨기에서 빼뜨기. 실을 매듭짓지 않은 상태에서 같은 방식으로 꽃잎 4개를 더 뜬다. 첫 번째 꽃잎의 첫 사슬뜨기에서 빼뜨기를 해서 마무리한다. 실을 보이지 않게 매듭짓는다(19쪽 참조).

66 무
완성작 보기 ▶ 45쪽

실: 모 자수용 끈사 또는 모 합태사 하얀색, 연분홍, 진분홍, 녹색 계열 두 가지색
부재료: 솜

뜨는 방법

무: 하얀색실을 5cm 정도 남기고 사슬뜨기 6코를 뜬 후, 3코를 건너뛰고 다음 사슬뜨기에서 빼뜨기를 한다.

원형 1단(겉쪽): 사슬뜨기 2코, 고리에서 짧은뜨기 5코, 사슬뜨기 2코의 맨 위 코에서 빼뜨기. 6코.

원형 2단: 사슬뜨기 2코, 바로 밑 코에서 짧은뜨기 1코, 각 짧은뜨기 코에서 짧은뜨기 2코, 사슬뜨기 2코의 맨 위 코에서 연분홍색실로 빼뜨기. 12코. 계속 연분홍색실로 뜬다.

원형 3단: 각 코에서 짧은뜨기 1코

원형 4단: [다음 짧은뜨기 코에서 짧은뜨기 2코, 다음 짧은뜨기 코에서 짧은뜨기 1코] 6회. 18코. 진분홍색실로 바꾼다.

원형 5~8단: 각 짧은뜨기 코에서 짧은뜨기 1코

원형 9단: [다음 짧은뜨기 2코에서 1코 줄이기] 9회. 9코. 처음에 남겨둔 하얀색실 끝을 겉쪽으로 걸어 뺀 후 생긴 공간에 솜을 집어넣는다.

원형 10단: 다음 코에서 짧은뜨기 1코, [다음 2코에서 1코 줄이기] 4회. 5코. 실을 매듭짓는다.

잎(무 1개 당 잎 3개): 녹색 계열의 실로 사슬뜨기 9코를 뜨고, 1코를 건너뛴 후, 다음 사슬뜨기 8코의 각 코에서 짧은뜨기 1코를 뜬다. 사슬뜨기 1코를 뜨고, 사슬뜨기의 남은 가두에서 다음과 같이 뜬다. 다음 사슬뜨기 6코의 각 코에서 짧은뜨기 1코, 편물을 돌린 후, 사슬뜨기 1코, 다음 짧은뜨기 5코의 각 코에서 짧은뜨기 1코, 사슬뜨기 1코 공간에서 짧은뜨기 3코, 다음 짧은뜨기 6코의 각 코에서 짧은뜨기 1코. 실을 매듭짓는다. 잎을 무에 붙인다.

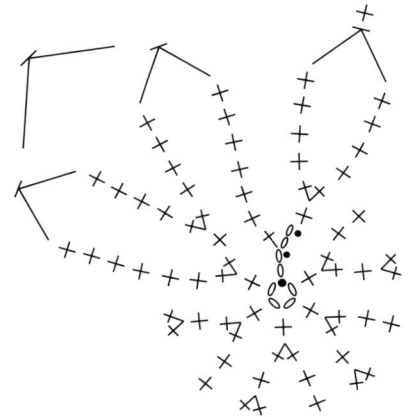 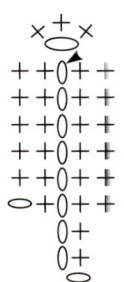

67	사과꽃
	완성작 보기 ▶ 25쪽

실: 모 병태사 라임색, 분홍색

뜨는 방법

중심: 라임색 실로 원형코뜨기를 한다(18쪽 참조).
원형 1단(겉쪽): 사슬뜨기 2코, 고리에서 짧은뜨기 9코. 실 끝을 잡아당겨서 고리를 죈다. 분홍색 실로 사슬뜨기 2코의 맨 위 코에서 빼뜨기. 계속 분홍색실로 뜬다.
꽃잎:
원형 2단: 사슬뜨기 1코, *다음 짧은뜨기에서 (2길 긴뜨기 1코, 3길 긴뜨기 2코, 2길 긴뜨기 1코). 다음 짧은뜨기에서 빼뜨기. *부터 3회 반복한다. 다음 짧은뜨기에서 (2길 긴뜨기 1코, 3길 긴뜨기 2코, 2길 긴뜨기 1코), 사슬뜨기 1코에서 빼뜨기. 꽃잎 5장. 실을 보이지 않게 매듭짓는다(19쪽 참조).

68	펠라르고늄
	완성작 보기 ▶ 23쪽

실: 면 합태사 분홍색, 녹색

뜨는 방법

꽃(5개 만든다):
꽃잎(겉쪽): 분홍색실로 [사슬뜨기 6코, 5코 건너뛰고, 다음 코에서 3길 긴뜨기 3코, 사슬뜨기 5코, 사슬뜨기 6코의 첫 코에서 빼뜨기] 5회. 첫 사슬뜨기에서 빼뜨기하여 고리를 만든다. 실을 보이지 않게 매듭짓는다(19쪽 참조).
중심: 겉쪽을 놓고 녹색실을 밑으로 잡고, 꽃잎 하나의 밑 부분을 통해 코바늘로 실의 고리를 잡아 빼서 녹색실을 연결한다. 나머지 꽃잎 각각의 밑 부분에서 빼뜨기를 하고 연결 부위에서 빼뜨기를 한다. 실을 20cm 정도 길게 남기고, 보이지 않게 매듭짓는다. 남긴 실을 돗바늘에 꿰어 안쪽으로 바늘을 통과시킨다. 이 실 끝만 남기고 다른 실 끝은 모두 매듭짓는다.
줄기: 꽃 5개의 실 끝을 꽃에서 가깝게 매듭을 짓는다. 실 1개로 다른 실 4개에 대고 매듭부터 짧은뜨기 16코를 뜬다. 실을 보이지 않게 매듭짓는다. 실을 한 번에 하나씩 가는 돗바늘에 꿰어 짧은뜨기 1코 위에 꽂아 줄기를 통과시켜서 꽃 쪽에서 나오게 한다. 매듭 위에서 짧은뜨기를 2-3코 떠서 꽃을 고정한다.

69 붉은까불나비

완성작 보기 ▶ 32, 39쪽

실: 모 병태사 황갈색, 주황색, 검은색

뜨는 방법

첫 번째 날개: 황갈색실로 사슬뜨기 5코를 뜨고 첫 코에서 빼뜨기를 해서 고리를 만든다.
1단(안쪽): 사슬뜨기 3코, 고리에서 1길 긴뜨기 4코. 5코
2단: 사슬뜨기 3코, 다음 1길 긴뜨기의 각 코에서 1길 긴뜨기 2코. 사슬뜨기 3코의 맨 위 코에서 1길 긴뜨기를 뜨는데, 마지막 랩을 주황색실로 한다. 8코. 계속 주황색실로 뜬다.
3단: 사슬뜨기 1코, 다음 1길 긴뜨기에서 긴뜨기 1코, 다음 1길 긴뜨기에서 1길 긴뜨기 3코, 다음 1길 긴뜨기 2코의 각 코에서 긴뜨기 1코, 다음 1길 긴뜨기에서 1길 긴뜨기 3코, 다음 1길 긴뜨기에서 긴뜨기 1코, 사슬뜨기 3코의 맨 위 코에서 짧은뜨기 1코를 뜨는데, 마지막 랩은 검은색실로 한다. 12코. 계속 검은색실로 뜬다.
4단: 사슬뜨기 1코, 긴뜨기에서 짧은뜨기 1코, 다음 1길 긴뜨기 2코의 각 코에서 짧은드기 2코, 다음 1길 긴뜨기에서 짧은뜨기 1코, 다음 긴뜨기의 실 세 가닥 아래로 빼뜨기, 다음 긴드기에서 짧은뜨기 1코, 다음 1길 긴뜨기에서 짧은뜨기 2코, 다음 1길 긴뜨기에서 (1길 긴뜨기 1코, 2길 긴뜨기 1코, 1길 긴뜨기 1코), 다음 1길 긴뜨기에서 1길 긴뜨기 1코, 긴뜨기에서 짧은뜨기 1코. 사슬뜨기 1코에서 빼뜨기. 실을 보이지 않게 매듭짓는다(19쪽 참조).

두 번째 날개: 안쪽을 놓고 사슬뜨기 5코 고리에서 황갈색실을 연결하고 첫 번째 늘개의 1단부터 3단까지 그대로 뜬다.
4단: 사슬뜨기 1코, 긴뜨기에서 짧은뜨기 1코, 다음 1길 긴뜨기에서 1길 긴뜨기 1코, 다음 1길 긴뜨기에서 (1길 긴뜨기 1코, 2길 긴뜨기 1코, 1길 긴뜨기 1코), 다음 1길 긴뜨기에서 짧은뜨기 2코, 다음 긴뜨기에서 짧은뜨기 1코, 다음 긴뜨기의 실 세 가닥 아래로 빼뜨기, 다음 1길 긴드기에서 짧은뜨기 1코, 다음 1길 긴뜨기 2코의 각 코에서 짧은뜨기 2코, 긴뜨기에서 짧은뜨기 1코, 사슬뜨기에서 빼뜨기. 실을 보이지 않게 매듭짓는다.

몸체: 황갈색실로 사슬뜨기 10코 뜨고, 2코 건너뛰고, 다음 사슬뜨기에서 짧은뜨기 1코, 사슬뜨기 1코, 남은 7코의 각 코에서 빼뜨기. 실을 매듭짓는다.

붙이기: 양 날개를 몸체 중심에서 연결하고 꿰맨다.

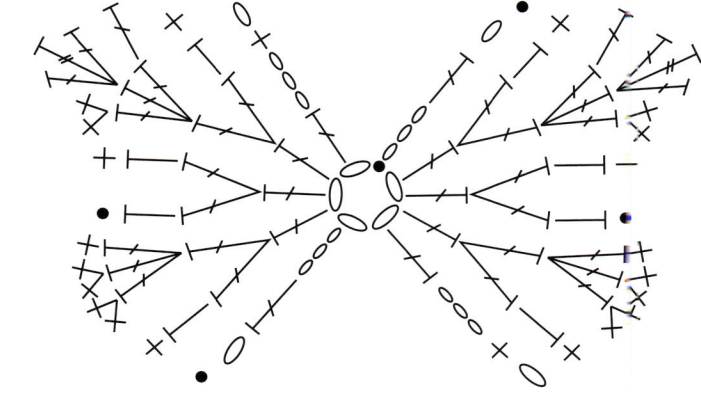

70 호박벌
완성작 보기 ▶ 34쪽

실: 모 병태사 검은색, 노란색, 하얀색

뜨는 방법

몸체: 검은색실로 원형코뜨기를 한다(18쪽 참조).
원형 1단(겉쪽): 사슬뜨기 3코, 고리에서 1길 긴뜨기 7코, 실 끝을 잡아당겨서 고리를 죈다. 노란색실로 사슬뜨기 3코의 맨 위 코로 빼뜨기. 8코. 계속 노란색실로 뜬다.
원형 2단: 사슬뜨기 2코, [다음 1길 긴뜨기에서 짧은뜨기 2코, 다음 1길 긴뜨기에서 짧은뜨기 1코] 3회. 다음 1길 긴뜨기에서 짧은뜨기 2코, 검은색실로 사슬뜨기 2코의 맨 위 코로 빼뜨기. 12코. 계속 검은색실로 뜬다.
원형 3단: 사슬뜨기 2코, 다음 짧은뜨기 11코의 각 코에서 짧은뜨기 1코, 노란색실로 사슬뜨기 2코의 맨 위 코로 빼뜨기. 계속 노란색실로 뜬다.
원형 4단: 3단에서처럼 검은색실로 빼뜨기를 한다. 계속 검은색실로 뜬다.
원형 5단: 사슬뜨기 1코, [다음 짧은뜨기 2코에서 2길 긴뜨기 모아뜨기, 다음 짧은뜨기에서 짧은뜨기 1코] 3회. 다음 짧은뜨기 2코에서 2길 긴뜨기 모아뜨기, 사슬뜨기 1코로 빼뜨기. 8코. 실을 보이지 않게 매듭짓는다(19쪽 참조).
날개: 하얀색실로 [사슬뜨기 6코, 5코 건너뛰고. 다음 사슬뜨기에서 3길 긴뜨기 2코의 구슬뜨기, 사슬뜨기 5코, 구슬뜨기와 똑같은 사슬뜨기에서 빼뜨기] 2회. 실을 보이지 않게 매듭짓는다.
붙이기: 몸체를 실로 채운다. 다른 색실을 연결시킨 부분을 밑으로 놓고 몸체를 약간 평평하게 펴고, 머리 부분의 틈 양쪽을 검은색실로 연결한다. 검은색실로 날개를 붙인다.

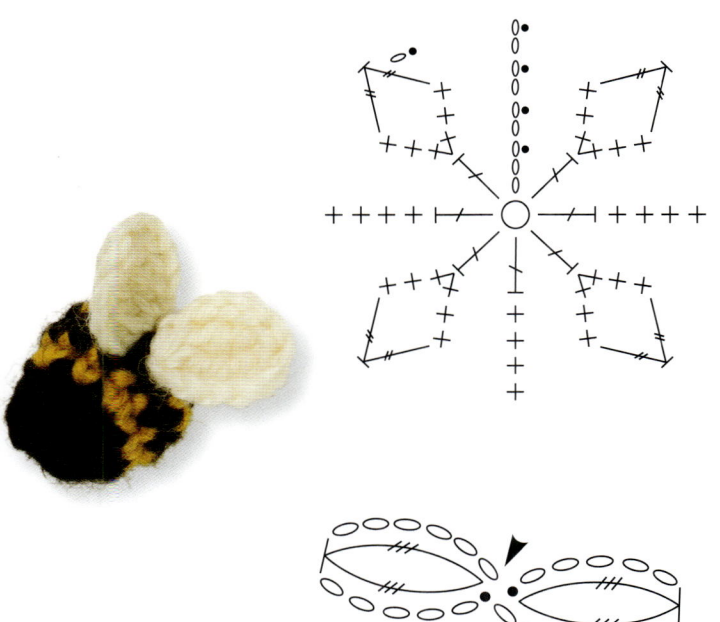

71 수선화
완성작 보기 ▶ 38쪽

실: 면 병태사 담녹색, 주황색, 노란색

뜨는 방법

중심: 담녹색실로 사슬뜨기 4코를 뜨고 첫 코에서 빼뜨기를 해서 고리를 만든다.
1단(겉쪽): 사슬뜨기 1코, 고리에서 짧은뜨기 5코, 주황색실로 사슬뜨기 1코로 빼뜨기. 6코. 계속 주황색실로 뜬다.
2단: 사슬뜨기 3코, 각 코의 앞 가닥에서 다음과 같이 뜬다: 바로 밑의 빼뜨기 코에서 1길 긴뜨기 1코, 다음 짧은뜨기 5코의 각 코에서 1길 긴뜨기 2코, 사슬뜨기 3코의 세 번째 코에서 빼뜨기. 12코. 실을 보이지 않게 매듭짓는다(19쪽 참조).
꽃잎: 왼손 엄지를 중심에 넣어서 겉면을 앞으로 놓고, 1단 각 코의 뒤 가닥에서 다음과 같이 뜬다. 1단의 짧은뜨기 코에서 노란색실을 연결하여 [사슬뜨기 6코, 1코 건너뛰고. 다음 각 코에서 짧은뜨기 1코, 긴뜨기 1코, 1길 긴뜨기 1코, 2길 긴뜨기 1코, 3길 긴뜨기 1코, 1단의 다음 코에서 빼뜨기] 6회. 실을 연결한 코와 똑같은 코에서 빼뜨기를 하여 마무리한다. 실을 매듭짓는다.

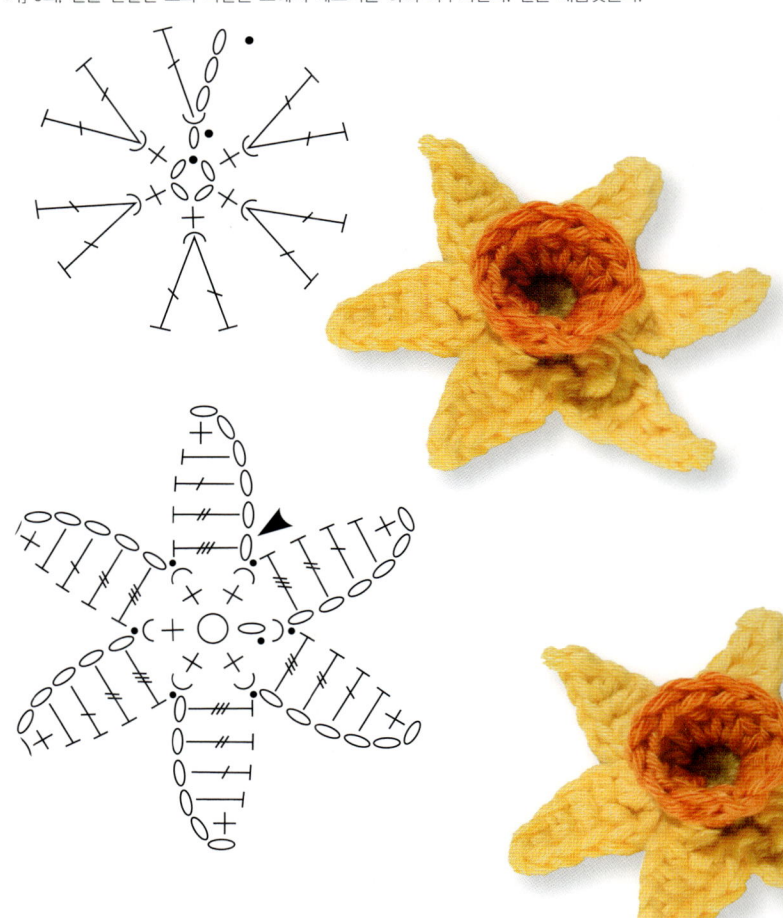

72 산토리나
완성작 보기 ▶ 39쪽

실: 면 병태사 노란색, 녹색

뜨는 방법

꽃: 노란색실로 원형코뜨기를 한다(18쪽 참조).
겉쪽을 놓고 1단을 뜨는데, 사슬뜨기 5코를 뜨고 고리로 3길 긴뜨기 2코의 구슬뜨기를 7회 하고, 실 끝을 잡아당겨서 고리를 죈다. 사슬뜨기 5코를 건너뛰고 첫 번째 구슬뜨기의 맨 뒤에서 빼뜨기를 한다. 실을 길게 남기고 매듭짓는다. 남긴 실로 각 구슬뜨기의 끝을 모은다.

줄기: 녹색실로 사슬뜨기 12코, 1코 건너뛰고, 다음 5코의 각 코에서 빼뜨기, 사슬뜨기 7코, 1코 건너뛰고, 다음 4코의 각 코에서 빼뜨기, 사슬뜨기 8코, 1코 건너뛰고, 다음 7코의 각 코에서 빼뜨기, 사슬뜨기 1코, 다음 5코의 각 코에서 빼뜨기, 사슬뜨기 1코, 남은 6코의 각 코에서 빼뜨기. 실을 보이지 않게 매듭짓는다(19쪽 참조).

붙이기: 구슬뜨기한 부분이 뒤로 자연스럽게 구부러지므로, 남긴 실 끝으로 좀더 모양을 잡아 고정한다. 줄기를 붙인다.

73 헬레늄
완성작 보기 ▶ 38쪽

실: 모 병태사 주황색, 노란색, 레몬색

뜨는 방법

중심: 주황색실로 원형코뜨기를 한다(18쪽 참조).

원형 1단(겉쪽): 사슬뜨기 2코, 고리에서 짧은뜨기 7코. 실 끝을 잡아당겨서 고리를 죈다. 사슬뜨기 2코의 맨 위 코에서 빼뜨기를 한다. 8코.

원형 2단: 사슬뜨기 1코, 다음 짧은뜨기에서 짧은뜨기 2코, [다음 짧은뜨기에서 짧은뜨기 1코, 다음 짧은뜨기에서 짧은뜨기 2코] 3회, 노란색실로 사슬뜨기 1코에서 빼뜨기. 12코. 계속 노란색실로 뜬다.

원형 3단: [사슬뜨기 4코, 다음 짧은뜨기의 앞 가닥에서 빼뜨기] 12회. 2단의 빼뜨기에서 빼뜨기 해서 마무리한다. 고리 12개. 실을 보이지 않게 매듭짓는다(19쪽 참조).

원형 4단: 2단의 첫 번째 짧은뜨기 뒤 가닥에서 레몬색실을 연결한다. [사슬뜨기 10코, 다음 코의 뒤 가닥에서 짧은뜨기 1코] 12회. 첫 번째 사슬뜨기에서 빼뜨기해서 마무리한다. 고리 12개. 실을 보이지 않게 매듭짓는다.

↓ **특수기호**
2단의 짧은뜨기 뒤 가닥에서 짧은뜨기

74 캐모마일

완성작 보기 ▶ 40쪽

실: 모 힙태사 노란색, 녹색, 하얀색

뜨는 방법

중심: 노란색실로 원형코뜨기를 한다(18쪽 참조).

원형 1단(겉쪽): 사슬뜨기 2코, 고리에서 짧은뜨기 5코. 실 끝을 잡아당겨서 고리를 죈다. 사슬뜨기 2코의 맨 우 코에서 빼뜨기를 한다. 6코

원형 2단: 사슬뜨기 1코, 바로 밑 코에서 짧은뜨기 1코, 다음 짧은뜨기 5코의 각 코에서 짧은뜨기 2코. 사슬뜨기 1코에서 빼뜨기. 12코

원형 3단: 사슬뜨기 1코. [다음 짧은뜨기에서 짧은뜨기 2코, 다음 짧은뜨기에서 짧은뜨기 1코] 5회. 다음 짧은뜨기에서 짧은뜨기 2코. 사슬뜨기 1코에서 빼뜨기. 18코

원형 4단: 사슬뜨기 1코. [다음 짧은뜨기에서 짧은뜨기 2코, 다음 짧은뜨기 2코의 각 코에서 짧은뜨기 1코] 5회. 다음 짧은뜨기에서 짧은뜨기 2코, 다음 짧은뜨기에서 짧은뜨기 1코. 사슬뜨기 1코에서 녹색실로 빼뜨기. 계속 녹색실로 뜬다.

원형 5단: 사슬뜨기 1코. [다음 짧은뜨기에서 짧은뜨기 2코, 다음 짧은뜨기 3코의 각 코에서 짧은뜨기 1코] 5회. 다음 짧은뜨기에서 짧은뜨기 2회, 다음 짧은뜨기 2코의 각 코에서 짧은뜨기 1코. 하얀색로 사슬뜨기 1코에서 빼뜨기. 녹색실은 끊지 않는다. 30코

원형 6단: 하얀색실로 사슬뜨기 3코. [다음 짧은뜨기 2코의 각 코에서 1길 긴뜨기 1코. 사슬뜨기 7코. 짧은뜨기 1코 건너뛰기] 9회. 다음 짧은뜨기 2코의 각 코에서 1길 긴뜨기 2코, 사슬뜨기 3코. 사슬뜨기 3코의 첫 코에서 빼뜨기. 실을 매듭짓는다.

원형 7단: 실이 연결된 부분 바로 밑 코로 바늘을 넣어 녹색실을 이용해 그 위로 짧은뜨기 1코를 뜬다. [사슬뜨기 3코, 꽃잎을 앞으로 접고 6단의 짧은뜨기 공간에 바늘을 넣어 실을 잡아 뺀 후, 바늘을 사슬뜨기 7코 위로 가져와 에워싸는 짧은뜨기 1코] 9회. 사슬뜨기 3코, 첫 짧은뜨기에서 빼뜨기 하고 매듭짓는다.

특수 기호

사슬뜨기 위 그리고 이전 단의 짧은뜨기로 짧은뜨기를 뜬다.

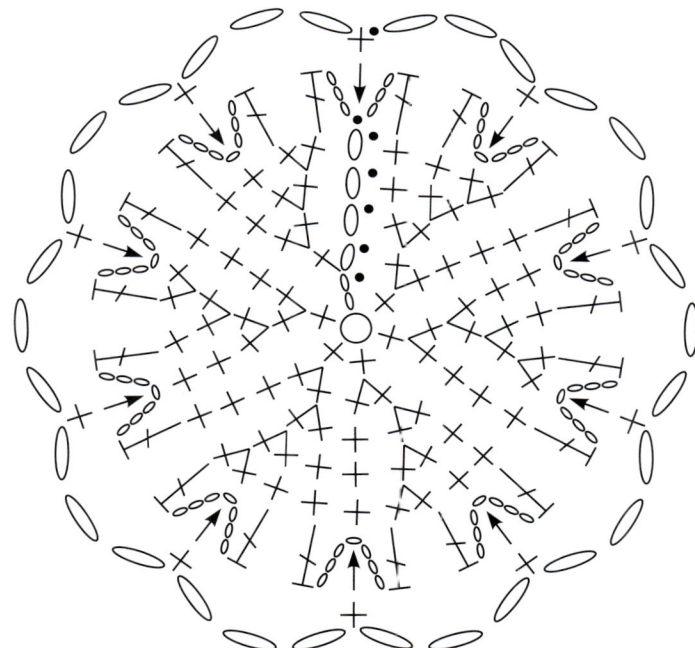

75 백일초
완성작 보기 ▶ 37쪽

실: 모 병태사 노란색, 라임색

뜨는 방법

꽃잎(겉쪽): 노란색실로 [사슬뜨기 7코, 3코 건너뛰고, 다음 사슬뜨기에서 1길 긴뜨기 5코, 2코 건너뛰고, 다음 사슬뜨기에서 빼뜨기] 9회. 꽃잎 9장. 실을 매듭짓는다.

단 연결하기: 겉쪽을 놓고, 꽃잎을 평평하게 펴서 직선 가장자리를 맨 위에 놓는다. 첫 번째 꽃잎의 네 번째 사슬뜨기에서 노란색실로 짧은뜨기를 해서 연결한 후 꽃잎 뒤에서 다음과 같이 뜬다. [사슬뜨기 1코, 다음 꽃잎의 네 번째 사슬뜨기에서 짧은뜨기 1코] 8회, 사슬뜨기 1도, 첫 짧은뜨기로 빼뜨기. 실을 매듭짓는다.

중심: 라임색실로 사슬뜨기 5코를 뜨고 첫 코에서 빼뜨기를 해서 고리를 만든다. 실 글을 중심에 도톰하게 대면서 사슬뜨기 1코, 고리에 짧은뜨기 9코를 뜬 후 사슬뜨기 1코로 빼뜨기를 한다. 바느질할 실을 남겨두고 실을 보이지 않게 매듭짓는다(19쪽 참조).

붙이기: 꽃잎의 실 끝으로 감침질을 한다. 중심을 안쪽으로 돌려서 가장자리 사슬 위로 박음질을 하면서, 중심을 꽃의 가운데 꿰맨다.

76 아이리시 잎사귀
완성작 보기 ▶ 23, 36, 42쪽

실: 모 병태사

뜨는 방법

사슬뜨기 12코를 뜬다.

1단(안쪽): 1코를 건너뛴 후, 다음 10코의 각 코에서 짧은뜨기 1코, 다음 코에서 짧은뜨기 5코를 뜬다. 편물을 돌리지 말고 바탕 사슬뜨기의 남은 가닥에서 다음과 같이 뜬다: 다음 1C코의 각 코에서 짧은뜨기 1코, 사슬뜨기 3코를 뜬다. 다음 짧은뜨기 9코의 각 코에서 짧은뜨기 1코를 뜨는데, 각 코의 양 가닥 아래로 뜬다. 돌린다.

2단: 사슬뜨기 1코, 뒤 가닥에서만 다음과 같이 뜬다: 다음 짧은뜨기 8코의 각 코에서 짧은뜨기 1코, [다음 사슬뜨기 1코의 뒤 가닥에서 짧은뜨기 1코, 사슬뜨기 1코] 2회, 다음 사슬드기 코에서 짧은뜨기 1코, 다음 짧은뜨기 9코의 각 코에서 짧은뜨기 1코. 돌린다.

3단: 사슬뜨기 1코를 뜨고 짧은뜨기 1코 건너뛴다. 양 가닥 아래로 다음과 같이 뜬다: 다음 짧은뜨기 9코의 각 코에서 짧은뜨기 1코, [사슬뜨기 1코, 다음 코에서 짧은뜨기 1코] 4회, 다음 짧은뜨기 6코의 각 코에서 짧은뜨기 1코. 돌린다.

4단: 사슬뜨기 1코를 뜨고 짧은뜨기 1코를 건너뛴다. 다음 20코의 각 코에서 짧은뜨기 1코를 뜨는데, 뒤 가닥에서만 뜬다. 돌린다.

5단: 사슬뜨기 1코를 뜨고 짧은뜨기 1코 건너뛴다. 다음 9코의 각 코에서 짧은뜨기 1코를 양 가닥에서 뜬다.

줄기: 사슬뜨기 7코, 1코 건너뛰고, 다음 6코의 각 코에서 빼뜨기.

5단의 마지막 짧은뜨기에서 빼뜨기.

실을 보이지 않게 매듭짓는다(19쪽 참조).

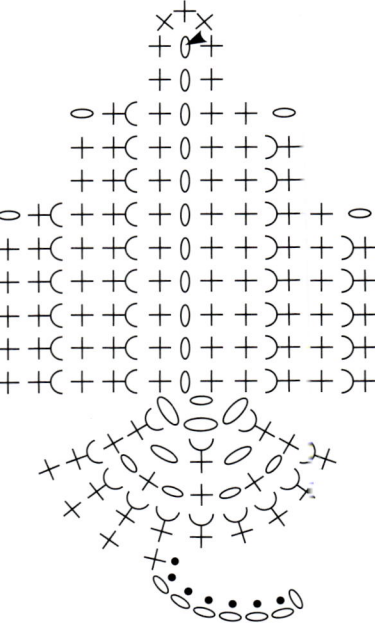

77 떡갈나무 잎

완성작 보기 ▶ 42쪽

실: 모 병태사 적갈색, 올리브색

뜨는 방법

1단(겉쪽): 적갈색실로 사슬뜨기 10코, 1코 건너뛰고 다음 사슬뜨기 9코의 각 코에서 빼뜨기. 사슬뜨기 7코, 사슬뜨기 3코 건너뛰고 다음 사슬뜨기 2코의 각 코에서 1길 긴뜨기 1코. 다음 사슬뜨기 2코의 각 코에서 짧은뜨기 1코. 사슬뜨기 9코, 사슬뜨기 3코 건너뛰고 다음 사슬뜨기 2코의 각 코에서 1길 긴뜨기 1코. 다음 사슬뜨기에서 짧은뜨기 1코. 사슬뜨기 8코, 사슬뜨기 3코 건너뛰고 다음 사슬뜨기에서 1길 긴뜨기 1코. 다음 사슬뜨기에서 짧은뜨기 1코. 사슬뜨기 6코, 사슬뜨기 3코 건너뛰고 다음 사슬뜨기에서 1길 긴뜨기 1코. 다음 사슬뜨기 2코의 각 코에서 짧은뜨기 1코. 사슬뜨기 5코, 3코 건너뛰고 다음 사슬뜨기에서 1길 긴뜨기 1코. 다음 사슬뜨기에서 짧은뜨기 1코. 줄기의 사슬뜨기 3코의 각 코에서 짧은뜨기 1코. 사슬뜨기 6코, 3코 건너뛰고 다음 사슬뜨기 2코의 각 코에서 1길 긴뜨기, 다음 사슬뜨기 코에서 1길 긴뜨기, 줄기의 사슬뜨기 3코의 각 코에서 짧은뜨기. 사슬뜨기 7코, 3코 건너뛰고 다음 사슬뜨기 2코의 각 코에서 1길 긴뜨기 1코. 다음 사슬뜨기 2코의 각 코에서 짧은뜨기 1코. 줄기의 맨 위 코에서 빼뜨기. 실을 매듭짓는다.

2단(겉쪽): 바탕코인 사슬뜨기의 남은 한 가닥으로 뜬다. 첫 사슬뜨기 7코의 첫 코에서 올리브색실을 연결해 사슬뜨기 1코, 다음 3코의 각 코에서 짧은뜨기 1코를 뜬다. 앞으로는 비어 있는 사슬뜨기 3코와 코들의 맨 위 두 가닥으로 뜬다. 첫 사슬뜨기에서 짧은뜨기 1코. 두 번째 사슬뜨기에서 짧은뜨기 2코. 세 번째 사슬뜨기에서 짧은뜨기 1코. 다음 3코의 각 코에서 짧은뜨기 1코를 뜬다. 줄기의 사슬뜨기에서 짧은뜨기 1코, 다음 3코의 각 코에서 짧은뜨기 1코, 사슬뜨기 3코에서 (짧은뜨기 1코, 2코, 1코). 다음 3코의 각 코에서 짧은뜨기 1코, 줄기의 사슬뜨기에서 짧은뜨기 1코, 다음 2코의 각 코에서 짧은뜨기 1코, 사슬뜨기 3코에서 (짧은뜨기 1코, 2코, 1코). 다음 코에서 짧은뜨기 1코, 줄기의 사슬뜨기 1코 건너뛰고 다음 사슬뜨기 2코의 각 코에서 짧은뜨기 1코, 사슬뜨기 3코에서 (짧은뜨기 1코, 2코, 1코). 다음 5코의 각 코에서 짧은뜨기 1코, 사슬뜨기 3코에서 (짧은뜨기 1코, 2코, 1코). 다음 2코의 각 코에서 짧은뜨기 1코, 짧은뜨기 1코 건너뛰고 다음 짧은뜨기 코에서 짧은뜨기 1코, 다음 짧은뜨기 1코 건너뛰고 다음 3코의 각 코에서 짧은뜨기 1코. 사슬뜨기 3코에서 (짧은뜨기 1코, 2코, 1코). 다음 3코의 각 코에서 짧은뜨기 1코, 짧은뜨기 1코 건너뛰고 다음 짧은뜨기 코에서 짧은뜨기 1코, 다음 짧은뜨기 1코 건너뛰고 다음 4코의 각 코에서 짧은뜨기 1코, 사슬뜨기 3코에서 (짧은뜨기 1코, 2코, 1코). 다음 3코의 각 코에서 짧은뜨기 1코, 다음 코에서 빼뜨기하고 매듭짓는다(19쪽 참조).

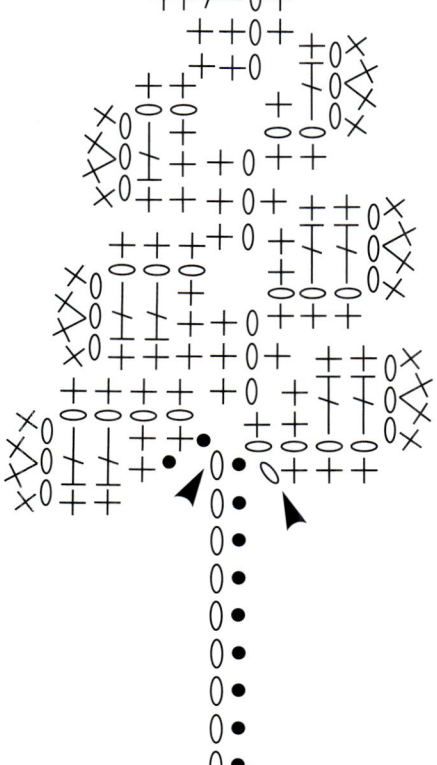

78 은행잎
완성작 보기 ▶ 42쪽

실: 모 병태사

뜨는 방법

잎: 사슬뜨기 11코를 뜬다.

1단(겉쪽): 1코를 건너뛰고, 다음 사슬뜨기 4코의 각 코에서 짧은뜨기 1코, 다음 사슬뜨기에서 긴뜨기 1코, 다음 사슬뜨기 5코의 각 코에서 1길 긴뜨기 1코. 11코. 이제부터 각 코의 뒤 가닥에서 뜬다.

2단: 사슬뜨기 3코, 다음 1길 긴뜨기 4코의 각 코에서 1길 긴뜨기 1코, 긴뜨기 1코에서 긴뜨기 1코, 다음 짧은뜨기 4코의 각 코에서 짧은뜨기 1코, 사슬뜨기 1코에서 짧은뜨기 1코.

3단: 사슬뜨기 1코, 다음 짧은뜨기 4코의 각 코에서 짧은뜨기 1코, 긴뜨기 1코에서 긴뜨기 1코, 다음 1길 긴뜨기 4코의 각 코에서 1길 긴뜨기 1코, 사슬뜨기 3코의 맨 위 코에서 1길 긴뜨기 1코.

4단: 2단과 같이 뜬다.

5단: 사슬뜨기 1코, 다음 짧은뜨기 4코의 각 코에서 짧은뜨기 1코, 긴뜨기 1코에서 긴뜨기 1코, 다음 1길 긴뜨기 3코의 각 코에서 1길 긴뜨기 1코. 돌린다.

6단: 사슬뜨기 4코, 3코 건너뛰고, 다음 사슬뜨기에서 1길 긴뜨기 1코, 다음 1길 긴뜨기 3코의 각 코에서 1길 긴뜨기 1코, 긴뜨기 1코에서 긴뜨기 1코, 다음 짧은뜨기 4코의 각 코에서 짧은뜨기 1코, 사슬뜨기 1코에서 짧은뜨기 1코.

7단: 3단과 같이 뜬다.

8단: 2단과 같이 뜬다.

9단: 3단과 같이 뜬다. 실을 보이지 않게 매듭짓는다(19쪽 참조).

밑 부분: 겉쪽으로 돌린다. 1단 처음의 사슬뜨기 1코에서 실을 연결하여 두 가닥 아래로 다음과 같이 뜬다. 사슬뜨기 2코, 3단, 5단, 7단, 9단의 사슬뜨기 1코에서 1길 긴뜨기 4코의 구슬뜨기. 실을 매듭짓지 않는다.

줄기: 사슬뜨기 10코, 1코 건너뛰고, 다음 사슬뜨기 9코의 각 코에서 짧은뜨기 1코를 뜬다. 실을 매듭짓는다.

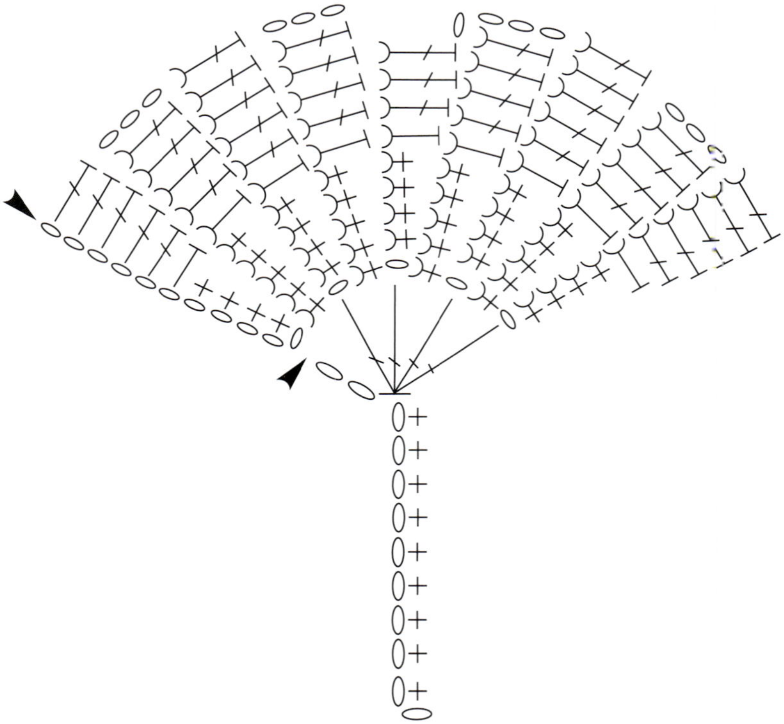

중급 디자인 | 91

79 담쟁이덩굴 잎
완성작 보기 ▶ 43쪽

실: 모 합태사 진녹색, 연녹색

뜨는 방법

줄기: 진녹색실로 사슬뜨기 12코를 뜨고 2코를 건너뛴 후. 다음 사슬뜨기에서 짧은뜨기 1코, 다음 사슬뜨기 9코의 각 코에서 빼뜨기를 한다. 실을 매듭짓지 않는다.

잎: 1단(겉쪽) [사슬뜨기 5코, 4코 건너뛰기, 다음 사슬뜨기에서 짧은뜨기 1코] 3회, 줄기의 맨 위 코의 남은 가닥에서 빼뜨기하고 돌린다. **2단:** 첫 고리에 (짧은뜨기 2코, 사슬뜨기 1코, 1길 긴뜨기 1코, 사슬뜨기 1코, 짧은뜨기). 두 번째 고리에서 (짧은뜨기 1코, 1길 긴뜨기 1코, 사슬뜨기 1코, [2길 긴뜨기 1코, 사슬뜨기 1코] 2회, 1길 긴뜨기 1코, 짧은뜨기). 세 번째 고리에서 (짧은뜨기 2코, 사슬뜨기 1코, 1길 긴뜨기 1코, 사슬뜨기 1코, 짧은뜨기). 돌리고 실을 매듭짓는다. **3단:** 2단의 마지막 코에 연녹색실을 연결한다. **첫 번째 엽:** 사슬뜨기 1코, 다음 짧은뜨기에서 짧은뜨기 2코, 사슬뜨기에서 짧은뜨기 2코, 사슬뜨기 1코, 1길 긴뜨기에서 1길 긴뜨기 1코, 사슬뜨기 1코, 사슬뜨기 1코에서 짧은뜨기 2코, 다음 짧은뜨기에서 짧은뜨기 2코, 다음 짧은뜨기에서 빼뜨기. **두 번째 엽:** 짧은뜨기에서 짧은뜨기 1코, 1길 긴뜨기에서 (짧은뜨기 1코, 1길 긴뜨기 1코), 사슬뜨기 1코에서 1길 긴뜨기 2코, 사슬뜨기 1코, 2길 긴뜨기에서 (2길 긴뜨기 2코, 사슬뜨기 1코, 3길 긴뜨기 1코). 사슬뜨기 1코 건너뛰고 다음 2길 긴뜨기에서 1길 긴뜨기 2코, 사슬뜨기 1코에서 1길 긴뜨기 1코, 다음 1길 긴뜨기에서 (1길 긴뜨기 1코, 짧은뜨기 1코). 짧은뜨기 1코에서 빼뜨기. **세 번째 엽:** 짧은뜨기에서 짧은뜨기 1코, 다음 짧은뜨기에서 짧은뜨기 2코, 사슬뜨기 1코에서 짧은뜨기 2코, 사슬뜨기 1코, 1길 긴뜨기에서 1길 긴뜨기 1코, 사슬뜨기 1코, 사슬뜨기 1코에서 짧은뜨기 2코, 짧은뜨기에서 짧은뜨기 2코, 다음 짧은뜨기에서 짧은뜨기 1코. 실을 매듭짓는다.

80 양치류 잎사귀
완성작 보기 ▶ 22, 33, 43쪽

실: 면 병태사

뜨는 방법

첫 번째 잎: 사슬뜨기 12코를 뜬다. *1코 건너뛰기, 다음 각 코에서 짧은뜨기 1코, 긴뜨기 1코, 1길 긴뜨기 1코, 2길 긴뜨기 1코, 1길 긴뜨기 1코, 긴뜨기 1코, 짧은뜨기 1코.**

두 번째 잎: 사슬뜨기 12코를 뜬다. *1코 건너뛰기, 다음 각 코에서 짧은뜨기 1코, 긴뜨기 1코, 1길 긴뜨기 1코, 다음 사슬뜨기 2코의 각 코에서 2길 긴뜨기 1코, 다음 각 코에서 1길 긴뜨기 1코, 긴뜨기 1코, 짧은뜨기 1코.**

세 번째 잎: 두 번째 잎과 똑같이 뜬다.

네 번째 잎: 사슬뜨기 11코를 뜬 후, 첫 번째 잎의 *부터 **까지 뜬다.

다섯 번째 잎: 사슬뜨기 8코를 뜬 후, 첫 번째 잎의 *부터 **까지 뜬다.

여섯 번째 잎: 다섯 번째 잎과 똑같이 뜬다.

줄기: 다음 사슬뜨기 3코의 각 코에서 빼뜨기를 한다.

일곱 번째 잎: 사슬뜨기 9코를 뜬 후, 두 번째 잎의 *부터 **까지 뜬다.

줄기: 다음 사슬뜨기 3코의 각 코에서 빼뜨기를 한다.

여덟 번째 잎: 일곱 번째 잎과 똑같이 뜬다.

줄기: 다음 사슬뜨기 3코의 각 코에서 빼뜨기를 한다.

아홉 번째 잎: 다섯 번째 잎과 똑같이 뜬다.

줄기: 다음 사슬뜨기 4코의 각 코에서 빼뜨기를 한다. 실을 보이지 않게 매듭짓는다(19쪽 참조).

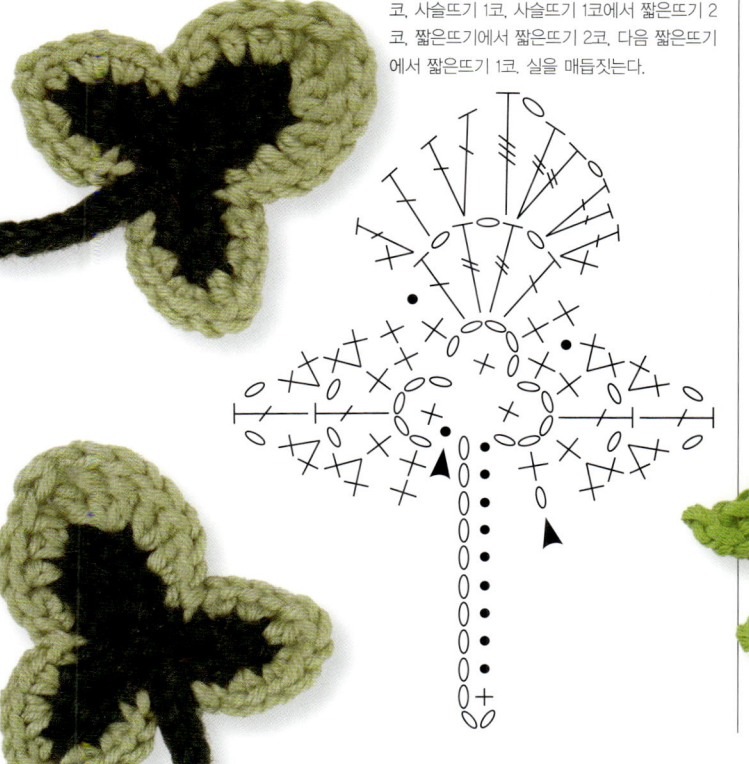

고급 디자인

81 금잔화
완성작 보기 ▶ 37쪽

실: 면 합태사 - 주황색, 녹색

뜨는 방법

주황색실로 원형코뜨기를 한다(18쪽 참조).

1단(겉쪽): 사슬뜨기 2코, 고리에서 짧은뜨기 9코를 뜬 후 실 끝을 잡아당겨서 고리를 죈다. 사슬뜨기 2코의 맨 위 코로 빼 뜨기한다. 10코

2단: [사슬뜨기 5코, 사슬뜨기 1코 건너뛰고, 다음 사슬뜨기 4 코의 각 코에서 빼뜨기, 다음 코의 앞 가닥에서만 빼뜨기] 10 회. 꽃잎 10개

3단: 꽃잎을 앞으로 구부리고 1단 각 코의 남은 가닥에서 다음과 같이 뜬다: 첫 코에서 빼뜨기, 사슬뜨기 2코, 다음 9코의 각 코에서 짧은뜨기 1코, 사슬뜨기 2코의 맨 위 코에서 빼뜨기. 10코

4단: [사슬뜨기 5코, 사슬뜨기 1코 건너뛰기, 다음 사슬뜨기 4 코의 각 코에서 빼뜨기, 바로 밑 코의 앞 가닥에서만 빼뜨기, 사슬뜨기 5코, 사슬뜨기 4코 건너뛰기, 다음 사슬뜨기 4코의 각 코에서 빼뜨기, 다음 코의 앞 가닥에서 빼뜨기] 10회. 꽃잎 20개

5단: 꽃잎을 앞으로 구부리고 3단 각 코의 남은 가닥에서 다음과 같이 뜬다: 첫 코에서 빼뜨기한 후 4단과 똑같이 뜨고, 첫 빼뜨기에서 빼뜨기하여 마무리한다. 꽃잎 20개. 실을 매듭짓는다.

줄기와 꽃받침: 녹색실로 사슬뜨기 11코를 뜨고 1코 건너뛴 후, 다음 사슬뜨기 10코의 각 코에서 빼뜨기를 한다. 사슬뜨기 3 코, 줄기 맨 위 코의 남은 가닥에서 1길 긴뜨기 7코, 사슬뜨기 3코의 맨 위 코에서 빼뜨기, 편물을 돌려서 꽃받침 안쪽을 중심으로 뜬다: [사슬뜨기 2코, 1코 건너뛰고, 다음 사슬뜨기에서 빼뜨기, 다음 코에서 빼뜨기] 8회. 실을 보이지 않게 매듭짓는다(19쪽 참조).

붙이기: 주황색실로 작은 술을 만들고 녹색실로 묶는다. 돗바늘에 녹색실을 꿰어 꽃의 중심에 꽂아 통과시켜 꽃받침과 줄기를 고정한다. 술을 다듬는다.

주요 기호	함께 보세요
◯ 사슬뜨기	12–13쪽 코바늘뜨기 기호
● 빼뜨기	14쪽 기본 뜨개법
+ 짧은뜨기	18–19쪽 코바늘뜨기, 알아두세요
┬ 긴뜨기	
╪ 1길 긴뜨기	
╪ 2길 긴뜨기	
╪ 3길 긴뜨기	

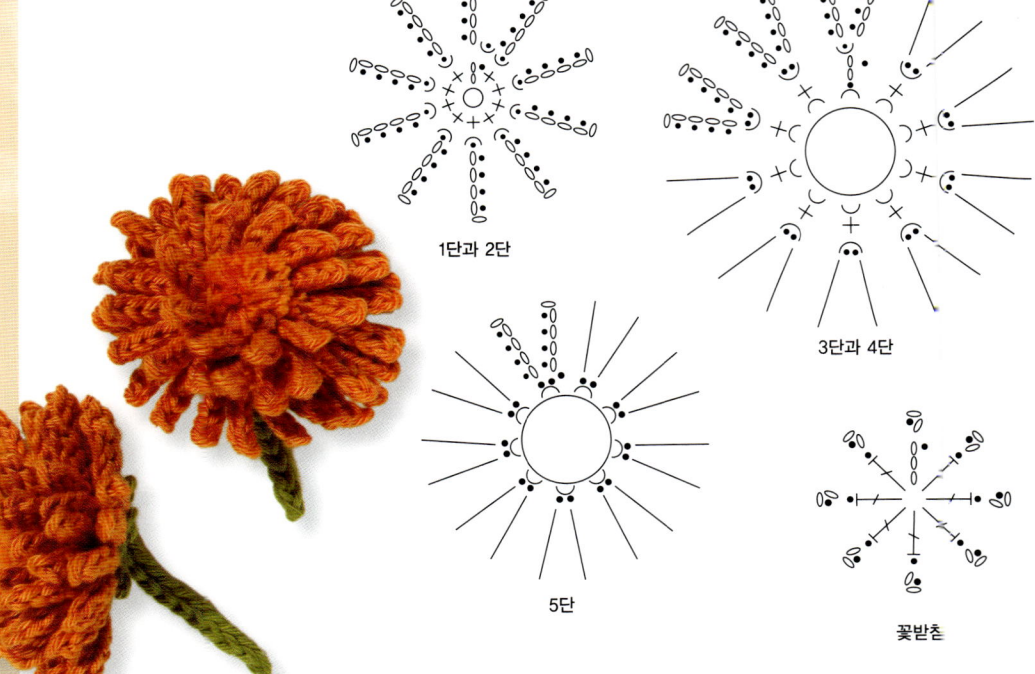

1단과 2단

3단과 4단

5단

꽃받침

82 거베라

완성작 보기 ▶ 36쪽

실: 모 병태사 노란색, 주황색, 녹색

뜨는 방법

중심: 노란색실로 원형코뜨기를 한다(18쪽 참조).
1단(겉쪽): ᄉ 슬뜨기 1코, 고리에서 짧은뜨기 12코, 코바늘을 빼서 첫 번째 짧은뜨기에 뒤에서 넣어 고리를 잡아 뺀다. 실 끝을 잡아당겨서 고리를 죈다.
2단: 사슬뜨기 1코, 각 짧은뜨기의 기둥에 감아서 짧은뜨기 걸어뜨기 1코, 코바늘을 빼서 첫 번째 짧은뜨기에 뒤에서 넣어 고리를 잡아 뺀다. 실을 보이지 않게 매듭짓는다(19쪽 참조).
꽃잎 1단: 중심 2단의 짧은뜨기 코에서 주황색실을 연결한다.
첫 번째 꽃잎: 사슬뜨기 8코를 느슨하게 뜬다. 각 사슬뜨기의 뒤 고리로만 다음과 같이 뜬다: 1코 건너뛰고 다음 코에서 빼뜨기, 다음 사슬뜨기 2코의 각 코에서 짧은뜨기 1코, 다음 사슬뜨기 4코의 각 코에서 긴뜨기 1코, 코바늘을 빼서 2단의 같은 위치 짧은뜨기에 뒤에서 넣어 고리를 잡아 뺀다-.
2~12단 꽃잎: 코바늘을 빼서 2단의 다음 짧은뜨기에 앞에서 넣어 고리를 잡아 뺀 후 첫 번째 꽃잎처럼 뜬다

꽃잎 2단

다음 단: 1단의 뒤에서 뜬다. 코바늘을 빼서 첫 번째 꽃잎 바탕코의 가닥에 앞에서 넣어 고리를 잡아 뺀다. 사슬뜨기 1코, 똑같은 가닥에서 짧은뜨기 1코, [사슬뜨기 1코, 다음 꽃잎 2개 사이의 가닥에서 짧은뜨기 1코] 11회. 코바늘을 빼서 첫 번째 짧은뜨기의 앞에 넣어 고리를 잡아 뺀다.
꽃잎: 1단의 꽃잎처럼 이전 단의 각 짧은뜨기에서 꽃잎을 뜬다.
줄기: 2단의 꽃잎 사이에 있는 가닥에 녹색실을 연결한다.
1단: 꽃잎의 뒤에서 뜬다. 사슬뜨기 1코, 실을 연결한 위치에 짧은뜨기 1코, [다음 꽃잎 2개 사이의 가닥에서 짧은뜨기 1코] 11회. 첫 번째 짧은뜨기에서 빼뜨기. 12코
2단: 사슬뜨기 1코, 짧은뜨기 각 코에서 짧은뜨기 1코, 첫 번째 짧은뜨기에서 빼뜨기.
3단: 사슬뜨기 1코, [다음 짧은뜨기 2코에서 1코 줄이기, 다음 짧은뜨기에서 짧은뜨기 1코] 4회, 첫 번째 코에서 빼뜨기. 8코
4단: 사슬뜨기 1코, [다음 2코에서 1코 줄이기] 4회. 4코
5단은 짧은뜨기로 뜬다. 실을 매듭짓는다.

ᚼ 특수 기호
지시된 코의 기둥에 (뒤에서) 감아서 짧은뜨기 1코를 뜬다.

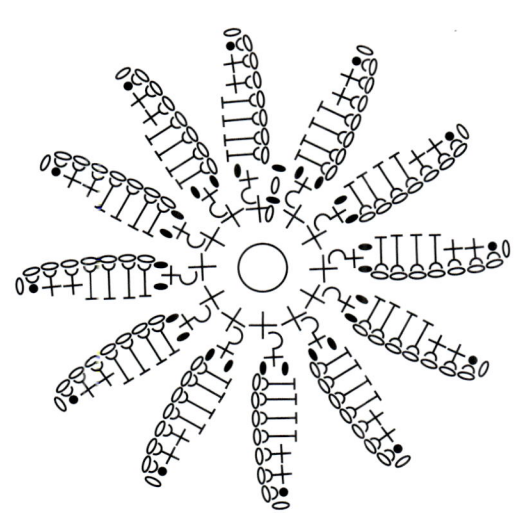

83 나팔수선화
완성작 보기 ▶ 38쪽

실: 면 병태사

뜨는 방법

꽃잎:

첫 번째 고리(겉쪽): 사슬뜨기 12코를 뜨고 첫 코에서 빼뜨기를 해서 고리를 만든다. 사슬뜨기 5코, 고리의 다음 사슬뜨기 2코에서 3길 긴뜨기 2코의 모아뜨기, 사슬뜨기 2코, 1코 건너뛰고, 다음 사슬뜨기에서 빼뜨기, 사슬뜨기 5코, 고리의 다음 사슬뜨기에서 빼뜨기, [다음 사슬뜨기에서 빼뜨기, 사슬뜨기 5코, 다음 사슬뜨기 2코에서 3길 긴뜨기 2코의 모아뜨기, 사슬뜨기 2코, 1코 건너뛰고, 다음 사슬뜨기에서 빼뜨기, 사슬뜨기 5코, 다음 사슬뜨기에서 빼뜨기] 2회. 실을 보이지 않게 매듭짓는다(19쪽 참조).

꽃잎 3개

두 번째 고리: 첫 번째 고리처럼 뜬다.

나팔: 꽃잎 고리 2개를 연결한다: 겉쪽을 위로 놓고, 꽃잎 고리 하나를 다른 고리 위에 놓는데, 위 꽃잎을 아래 꽃잎과 어긋나게 놓는다. 실을 밑으로 잡고 작은 호수의 코바늘로 뜬다. 코바늘을 위 고리 사슬뜨기의 남은 한 가닥과 아래 고리의 같은 위치 사슬뜨기의 남은 가닥으로 위에서 밑으로 넣어 실을 감아 잡아 빼고, 코바늘을 중심 공간에 넣어 실을 걸어 바늘에 걸린 고리 2개를 한 번에 잡아 빼서 짧은뜨기를 한다. 이런 식으로 아래와 위의 사슬뜨기에 12코의 짧은뜨기를 한다. 고리를 남겨둔다. 약 4m 길이를 남겨두고 실을 잘라서 중심 고리를 통과시켜 위로 잡아당겨 방금 뜬 짧은뜨기를 바탕으로 다음과 같이 뜬다.

1단(겉쪽): 사슬뜨기 1코, 다음 짧은뜨기 11코의 각 코에서 짧은뜨기 1코, 사슬뜨기 1코에서 빼뜨기.

2단: 사슬뜨기 3코, 다음 짧은뜨기 11코의 각 코에서 1길 긴뜨기 1코, 사슬뜨기 3코의 맨 위 코에서 빼뜨기.

3단: [사슬뜨기 2코, 1코 건너뛰고, 다음 사슬뜨기에서 빼뜨기, 다음 1길 긴뜨기에서 빼뜨기] 12회. 첫 번째 사슬뜨기에서 빼뜨기로 마무리한다. 실을 보이지 않게 매듭짓는다.

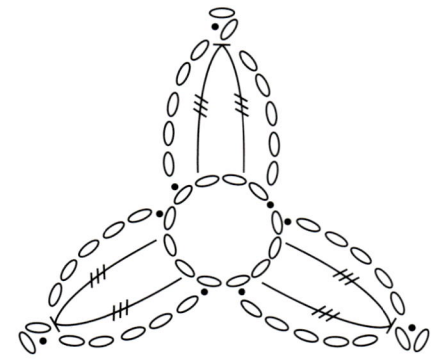

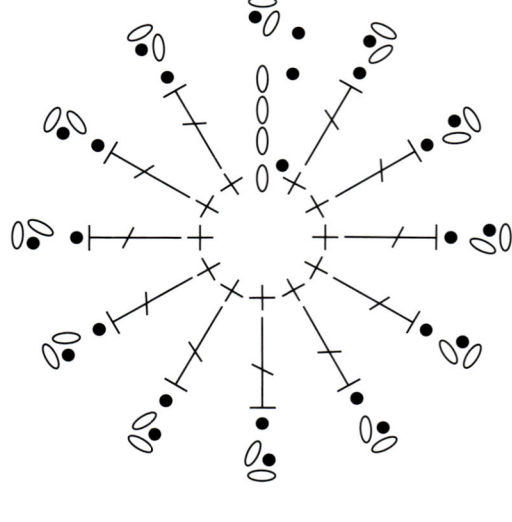

84 갈고리 나비

완성작 보기 ▶ 24, 28쪽

실: 모 병태사 하얀색, 연한 주황색, 검은색

뜨는 방법

주의: 이 나비는 원형뜨기로 하지 않으며, 모두 겉쪽 단으로 뜬다.

양 날개: 하얀색실로 사슬뜨기 15코를 뜬다.

1단(겉쪽): 5코를 건너뛰고, 다음 사슬뜨기에서 3길 긴뜨기 3코, 사슬뜨기 1코, 다음 사슬뜨기에서 1길 긴뜨기 1코, 사슬뜨기 2코, 다음 사슬뜨기에서 3길 긴뜨기 2코, 다음 사슬뜨기에서 2길 긴뜨기 1코, 사슬뜨기 3코, 다음 사슬뜨기에서 빼뜨기, 사슬뜨기 3코, 다음 사슬뜨기에서 2길 긴뜨기 1코, 다음 사슬뜨기에서 3길 긴뜨기 2코, 사슬뜨기 1코, 다음 사슬뜨기에서 1길 긴뜨기 1코, 사슬뜨기 2코, 다음 사슬뜨기에서 3길 긴뜨기 3코, 사슬뜨기 5코, 다음 사슬뜨기에서 빼뜨기. 실을 매듭짓는다.

2단(겉쪽): 오른쪽 위 날개의 두 번째 사슬뜨기에서 연한 주황색실을 연결한다. 사슬뜨기 1코, 다음 코에서 (짧은뜨기 1코, 1길 긴뜨기 1코). 다음 코에서 (1길 긴뜨기 1코, 사슬뜨기 1코, 2길 긴뜨기 1코, 1길 긴뜨기 1코). 다음 코에서 (1길 긴뜨기 1코, 짧은뜨기 1코), 사슬뜨기 1코, 사슬뜨기 3코의 맨 위 코에서 빼뜨기. 실을 보이지 않게 매듭짓는다(19쪽 참조).

3단(겉쪽): 왼쪽 위 날개의 세 번째 사슬뜨기에서 연한 주황색실을 연결한다. 사슬뜨기 1코, 다음 코에서 (짧은뜨기 1코, 1길 긴뜨기 1코). 다음 코에서 (1길 긴뜨기 1코, 2길 긴뜨기 1코, 사슬뜨기 1코, 1길 긴뜨기 1코). 다음 코에서 (1길 긴뜨기 1코, 짧은뜨기 1코), 사슬뜨기 1코, 사슬뜨기 1코에서 빼뜨기. 실을 보이지 않게 매듭짓는다.

4단(겉쪽): 오른쪽 위 날개 끝의 두 번째 1길 긴뜨기에서 검은색실을 연결한다. 사슬뜨기 1코, 다음 2길 긴뜨기에서 (짧은뜨기 1코, 사슬뜨기 1코, 짧은뜨기 1코), 사슬뜨기 1코, 1길 긴뜨기에서 빼뜨기. 실을 보이지 않게 매듭짓는다.

5단(겉쪽): 왼쪽 위 날개 끝의 두 번째 1길 긴뜨기에서 검은색실을 연결한다. 사슬뜨기 1코, 2길 긴뜨기에서 (짧은뜨기 1코, 사슬뜨기 1코, 짧은뜨기 1코), 사슬뜨기 1코, 다음 1길 긴뜨기에서 빼뜨기. 실을 보이지 않게 매듭짓는다.

몸체: 검은색실로 사슬뜨기 6코를 뜬다. 1코를 건너뛰고, 짧은뜨기 2코를 뜬 다음 매듭짓는다.

붙이기: 양 날개를 약간 안으로 모아 잡고 중심에서 연결한다. 몸체의 자리를 잡아 검은색실로 꿰매는데, 더듬이로 실의 양끝을 약간 남긴다. 더듬이의 실 가닥을 가르고 남는 가닥은 잘라낸다. 검은색실로 날개에 반점을 수놓는다.

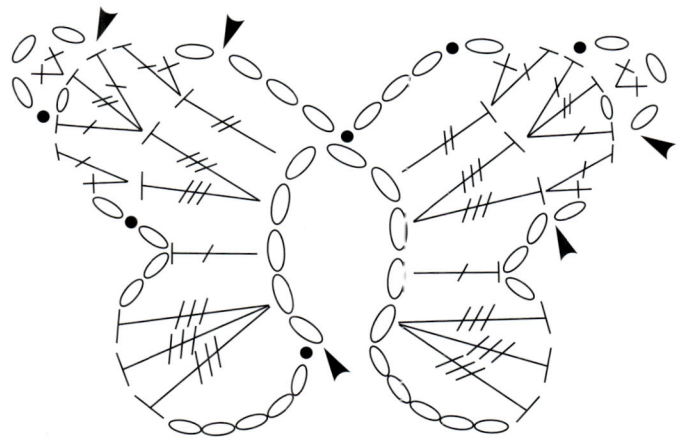

85 해바라기
완성작 보기 ▶ 37쪽

실: 모 합태사 진한 올리브색, 노란색

뜨는 방법

중심: 진한 올리브색실로 원형코뜨기를 한다(18쪽 참조).
1단(겉쪽): 사슬뜨기 2코, 고리에서 짧은뜨기 7코, 실 끝을 잡아당겨서 고리를 죈다. 사슬뜨기 2코의 맨 위 코에서 빼뜨기를 한다. 8코
2단: 사슬뜨기 3코, *다음 짧은뜨기에서 (팝콘뜨기 1, 사슬뜨기 1코, 짧은뜨기 1코, 사슬뜨기 1코), *부터 6회 반복. 1단의 빼뜨기에서 팝콘뜨기 1, 사슬뜨기 1코, 사슬뜨기 3코의 두 번째 코에서 빼뜨기. 팝콘 8개와 8코
3단: 사슬뜨기 2코, 바로 밑 코에서 짧은뜨기 2코, [다음 짧은뜨기에서 짧은뜨기 3코] 7회, 사슬뜨기 2코의 두 번째 코에서 빼뜨기. 24코
4단: 사슬뜨기 3코, [다음 짧은뜨기에서 팝콘뜨기 1, 사슬뜨기 1코, 다음 짧은뜨기에서 짧은뜨기 1코, 사슬뜨기 1코] 11회, 다음 짧은뜨기에서 팝콘뜨기 1, 사슬뜨기 1코, 사슬뜨기 3코의 두 번째 코에서 빼뜨기. 팝콘 12개와 12코
5단: 사슬뜨기 2코, 바로 밑 똑같은 사슬뜨기에서 짧은뜨기 2코, [다음 짧은뜨기에서 짧은뜨기 3코] 11회, 사슬뜨기 2코의 두 번째 코에서 빼뜨기. 36코
6단: 사슬뜨기 3코, [다음 짧은뜨기에서 팝콘뜨기 1, 사슬뜨기 1코, 다음 짧은뜨기에서 짧은뜨기 1코, 사슬뜨기 1코] 17회, 다음 짧은뜨기에서 팝콘뜨기 1, 사슬뜨기 1코, 사슬뜨기 3코의 두 번째 코에서 빼뜨기. 팝콘 18개와 18코. 실을 매듭짓는다.

꽃잎:
7단(겉쪽): 짧은뜨기에서 노란색실을 연결한다. [사슬뜨기 4코, 1코 건너뛰기, 다음 각 코에서 짧은뜨기 1코, 긴뜨기 1코, 1길 긴뜨기 1코, 6단의 다음 짧은뜨기에서 빼뜨기] 18회. 실을 브이지 않게 매듭짓는다(19쪽 참조).

특수 코와 기호

◯ 팝콘뜨기—다음 코에서 1길 긴뜨기 3코를 뜨고, 고리에서 코바늘을 빼서 첫 번째 1길 긴뜨기 맨 위 코에 넣고 아까 빼놓은 고리에서 바늘에 실을 감아 한 번에 뜬다.

| 고급 디자인 | 97

86 도토리
완성작 보기 ▶ 42쪽

실: 모 병태사 진한 올리브색, 연한 올리브색

뜨는 방법

도토리: 진한 올리브색실로 사슬뜨기 5코를 뜬 후 첫 코에서 빼뜨기를 해서 고리를 만든다.
1단(겉쪽): 사슬뜨기 1코, 고리에서 짧은뜨기 7코, 사슬뜨기 1코에서 빼뜨기. 8코
2단: 사슬뜨기 1코, [다음 짧은뜨기에서 짧은뜨기 2코, 다음 짧은뜨기에서 짧은뜨기 1코] 3회. 다음 짧은뜨기에서 짧은뜨기 2코, 사슬뜨기 1코에서 빼뜨기. 12코
3단: 사슬뜨기 1코, 각 짧은뜨기에서 짧은뜨기 1코, 사슬뜨기 1코에서 빼뜨기. 실을 보이지 않게 매듭짓는다(13쪽 참조).
컵 모양을 두집어서 안쪽이 겉으로 나오게 한다.
4단: 이제 이전 단과 반대 방향으로 뜬다. 코바늘을 각 코의 뒤 가닥에 넣어 다음과 같이 뜬다: 연한 올리브색실을 연결하고 사슬뜨기 4코, 다음 3코에서 3길 긴뜨기 3코의 모아뜨기, [다음 4코에서 3길 긴뜨기 4코의 모아뜨기] 2회, 사슬뜨기 4코의 맨 위 코에서 빼뜨기를 한다. 실을 매듭짓는다.
위를 모아주고 연한 올리브색실로 도토리 안을 채운다.
줄기: 진한 올리브색실로 사슬뜨기 11코를 뜬다. 1코를 건너뛰고, 다음 10코의 각 코에서 빼뜨기를 한다. 실을 보이지 않게 매듭짓는다. 도토리의 밑에 붙인다.

87 튤립나무 잎
완성작 보기 ▶ 43쪽

실: 모 병태사

뜨는 방법

사슬뜨기 10코를 뜬다.
1단(겉쪽): 2코 건너뛰기. 다음 8코의 각 코에서 짧은뜨기 1코, 사슬뜨기 5코, 사슬뜨기 5코의 첫 코에서 빼뜨기, 사슬뜨기 2코. 바탕코의 남은 가닥에서 다음과 같이 뜬다: 다음 사슬뜨기 8코의 각 코에서 짧은뜨기 1코, 사슬뜨기 2코의 맨 위 코에서 짧은뜨기 1코, 사슬뜨기 3코. 이제부터 뒤 가닥으로만 뜬다: 사슬뜨기 1코에서 짧은뜨기 1코, 다음 사슬뜨기 3코의 각 코에서 짧은뜨기 1코, 다음 짧은뜨기에서 긴뜨기 1코, 다음 짧은뜨기 4코의 각 코에서 1길 긴뜨기 1코. 돌린다.
2단: 사슬뜨기 3코, 다음 1길 긴뜨기 3코의 각 코에서 1길 긴뜨기 1코, 긴뜨기에서 긴뜨기 1코, 다음 짧은뜨기 4코의 각 코에서 짧은뜨기 1코, 사슬뜨기 3코 공간에서 짧은뜨기 5코, 다음 짧은뜨기 4코의 각 코에서 짧은뜨기 1코, 다음 짧은뜨기에서 긴뜨기 1코, 다음 4코의 각 코에서 1길 긴뜨기 1코. 돌린다.
3단: 사슬뜨기 3코, 다음 1길 긴뜨기 3코의 각 코에서 1길 긴뜨기 1코, 긴뜨기에서 긴뜨기 1코, 다음 짧은뜨기 6코의 각 코에서 짧은뜨기 1코, 사슬뜨기 3코, 짧은뜨기 1코 건너뛰기. 다음 짧은뜨기 6코의 각 코에서 짧은뜨기 1코, 긴뜨기에서 긴뜨기 1코, 다음 4코의 각 코에서 1길 긴뜨기 1코. 돌린다.
4단: 사슬뜨기 3코, 다음 1길 긴뜨기 3코의 각 코에서 1길 긴뜨기 1코, 긴뜨기에서 긴뜨기 1코, 다음 짧은뜨기 6코의 각 코에서 짧은뜨기 1코, 사슬뜨기 공간에서 짧은뜨기 5코, 다음 짧은뜨기 6코의 각 코에서 짧은뜨기 1코, 긴뜨기에서 긴뜨기 1코, 다음 4코의 각 코에서 1길 긴뜨기 1코. 실을 보이지 않게 매듭짓는다(19쪽 참조).
줄기: 잎을 돌리고, 바탕코의 가운데 짧은뜨기 코의 뒤에서 실을 연결한다. 사슬뜨기 9코, 1코 건너뛰기. 다음 8코의 각 코에서 짧은뜨기 1코.
잎의 밑부분에서 빼뜨기. 실을 매듭짓는다.

88 완두콩 깍지
완성작 보기 ▶ 44쪽

실: 모 병태사 녹색, 모 합태사 연녹색

뜨는 방법

깍지 앞면: *녹색실로 사슬뜨기 28코를 뜬다.
1단(겉쪽): 1코를 건너뛰고. 다음 각 코에서 짧은뜨기 1코, 긴뜨기 1코, 1길 긴뜨기 1코, 2길 긴뜨기 1코. 다음 사슬뜨기 15코의 각 코에서 3길 긴뜨기 1코. 다음 사슬뜨기 2코의 각 코에서 2길 긴뜨기 1코. 다음 사슬뜨기 2코의 각 코에서 1길 긴뜨기 1코. 다음 사슬뜨기 2코의 각 코에서 긴뜨기 1코. 다음 사슬뜨기 코에서 짧은뜨기 1코. 다음 사슬뜨기 코에서 빼뜨기를 한다.** 사슬뜨기 20코를 뜬다. 실을 보이지 않게 매듭짓는다(19쪽 참조).
2단: 편물을 안쪽으로 돌려서 작은 호수의 바늘로 뜬다. 깍지 바탕코의 사슬뜨기 1코에서 연녹색실을 연결한다. 원래 바탕코의 각 코의 남은 가닥에서 뜨는데, 다음 4코의 각 코에서 빼뜨기를 한다.
첫 번째 콩: 사슬뜨기 2코를 뜨고 편물을 겉쪽으로 돌린다. 바늘을 오른쪽에서 왼쪽으로 넣어 2길 긴뜨기의 윗면에서 빼뜨기를 하고 사슬뜨기 2코를 뜬다. 편물을 안쪽으로 돌리고 마지막 빼뜨기한 바탕코에서 다시 빼뜨기를 한 후. 바탕코 4코의 각 코에서 빼뜨기를 뜬다.
두 번째 콩: [사슬뜨기 3코, 똑같은 바탕코에서 2길 긴뜨기 2코의 구슬뜨기, 겉쪽으로 돌리기, 3길 긴뜨기 윗면에서 빼뜨기, 사슬뜨기 3코, 안쪽으로 돌리기, 사슬뜨기 3코의 첫 코에서 빼뜨기, 마지막 빼뜨기한 바탕코에서 다시 빼뜨기, 다음 바탕코 4코의 각 코에서 빼뜨기] 3회 반복한다. 마지막 콩도 첫 번째 콩처럼 만들고. 바탕코 6코의 각 코에서 빼뜨기를 뜬다. 실을 보이지 않게 매듭짓는다.
뒷면: *부터 **까지 깍지 앞면처럼 뜬다. 실을 보이지 않게 매듭짓는다.
붙이기: 가장자리를 맞춰서 깍지 앞면 밑에 깍지 뒷면을 놓는데, 필요하면 두꺼운 종이를 오려서 그 사이에 넣는다. 겉쪽에서 사슬뜨기 가장자리 바로 밑으로 박음질을 한다. 줄기 부분을 연필에 말아 구부린다.

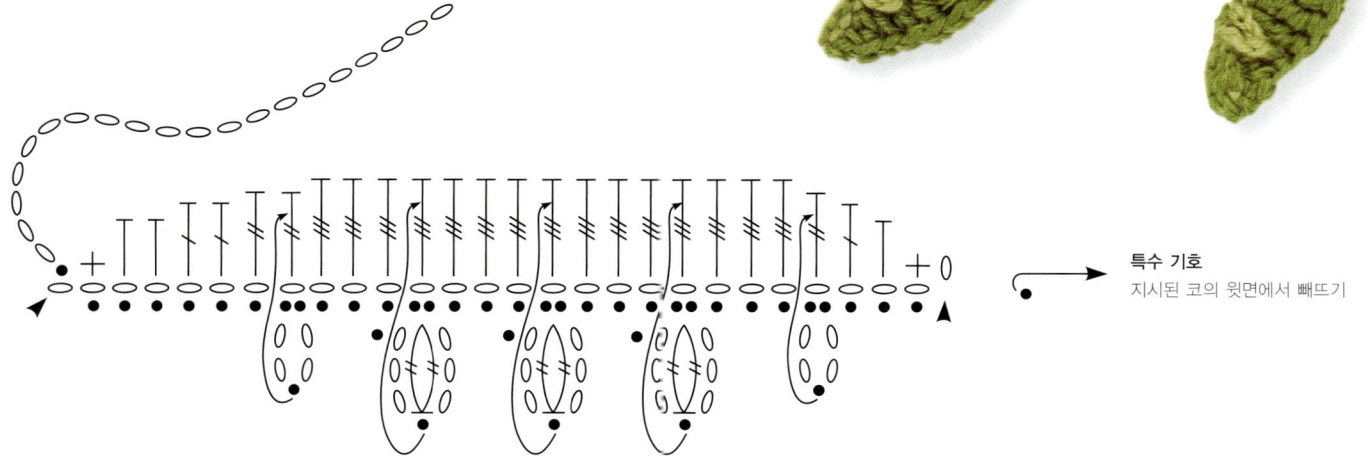

특수 기호
→ 지시된 코의 윗면에서 빼뜨기

89	무화과나무 잎
	완성작 보기 ▶ 45쪽

실: 모 병쾌사

뜨는 방법

줄기: 사슬뜨기 14코를 뜨고 2코를 건너뛴 후, 다음 2코의 각 코에서 짧은뜨기 1코, 다음 10코의 각 코에서 빼뜨기를 뜬다. 실을 매듭짓지 않는다.

잎: 1단(겉쪽): 첫 번째 엽: 사슬뜨기 11코. *3코 건너뛰기. 다음 3코의 각 코에서 1길 긴뜨기 1코. 다음 각 코에서 긴뜨기 1코. 짧은뜨기 1코. 긴뜨기 1코. 1길 긴뜨기 1코. 2길 긴뜨기 1코.**

두 번째 엽: 사슬뜨기 12코. ***3코 건너뛰기. 다음 3코의 각 코에서 2길 긴뜨기 1코. 다음 각 코에서 1길 긴뜨기 1코. 긴뜨기 1코. 짧은뜨기 1코. 긴뜨기 1코. 1길 긴뜨기 1코. 2길 긴뜨기 1코.****

세 번째 엽: 사슬뜨기 14코. 3코 건너뛰기. 다음 5코의 각 코에서 2길 긴뜨기 1코. 다음 4코의 각 코에서 1길 긴뜨기 1코. 다음 각 코에서 긴뜨기 1코. 짧은뜨기 1코. [다음 2길 긴뜨기 기둥에서 짧은뜨기 3코] 2회, 기둥의 맨 위 코에서 빼뜨기, 돌린다. 이제부터는 1단을 반대 방향으로 뜬다.

네 번째 엽(안쪽): 사슬뜨기 11코. 첫 번째 엽의 *부터 **까지 뜬다. 첫 번째 엽의 2길 긴뜨기 기둥에 뜬 짧은즈기 3코의 첫 코에서 빼뜨기.

다섯 번째 엽: 사슬뜨기 12코. 두 번째 엽의 ***부터 ****까지 뜬다. 두 번째 엽의 2길 긴뜨기 기둥에 뜬 짧은즈기 3코의 첫 코에서 빼뜨기. 실을 매듭짓는다. 이제부터는 필요할 경우에만 남은 한 가닥에서 드고, 그렇지 않을 경우에는 사슬뜨기를 포함하여 각 코의 두 가닥 아래로 뜬다.

2단(겉쪽): 첫 번째 엽: 첫 번째 엽의 두 번째 사슬뜨기에서 실을 연결하여 사슬뜨기 1코를 뜬다. 각 코에서 짧은뜨기 1코, 긴뜨기 1코, 1길 긴뜨기 1코. 다음 2코의 각 코에서 2길 긴뜨기 1코. 다음 5코의 각 코에서 2길 긴뜨기 2코. 다음 1길 긴뜨기에서 1길 긴뜨기 1코. 다음 1길 긴뜨기에서 긴뜨기 1코. 긴뜨기에서 짧은뜨기 1코. 다음 3코의 각 코에서 빼뜨기를 뜨고, 2길 긴뜨기는 건너뛴다.

두 번째 엽: 다음 사슬뜨기 3코의 각 코에서 빼뜨기, 각 코에서 짧은뜨기 1코, 긴뜨기 1코, 1길 긴뜨기 1코. 다음 사슬뜨기 2코의 각 코에서 2길 긴뜨기 1코. 다음 5코의 각 코에서 2길 긴뜨기 2코. 다음 2길 긴뜨기에서 2길 긴뜨기 1코. 다음 2길 긴뜨기에서 1길 긴뜨기 1코. 1길 긴뜨기에서 긴뜨기 1코. 긴뜨기에서 짧은뜨기 1코. [다음 2코에서 짧은뜨기 2코 모아뜨기] 2회.

세 번째 엽: 다음 2코에서 짧은뜨기 2코 모아뜨기, 각 코에서 짧은뜨기 1코, 긴뜨기 1코, 다음 사슬뜨기 3코의 각 코에서 1길 긴뜨기 1코. 다음 사슬뜨기 3코의 각 코에서 2길 긴뜨기 1코. 다음 5코의 각 코에서 2길 긴뜨기 2코. 다음 3코의 각 코에서 2길 긴뜨기 1코. 다음 3코의 각 코에서 1길 긴뜨기 1코. 다음 1길 긴뜨기에서 긴뜨기 1코. 다음 1길 긴뜨기에서 짧은뜨기 1코. 다음 2코에서 짧은뜨기 2코 모아뜨기.

다섯 번째 엽: [다음 2코에서 짧은뜨기 2코 모아뜨기] 2회, 긴뜨기에서 짧은뜨기 1코, 1길 긴뜨기에서 긴뜨기 1코, 2길 긴뜨기에서 1길 긴뜨기 1코. 다음 2길 긴뜨기에서 2길 긴뜨기 1코. 다음 5코의 각 코에서 2길 긴뜨기 2코. 다음 사슬뜨기 2코의 각 코에서 2길 긴뜨기 1코. 다음 사슬뜨기에서 1길 긴뜨기 1코. 다음 사슬뜨기에서 긴뜨기 1코. 다음 사슬뜨기에서 짧은뜨기 1코. 다음 사슬뜨기 3코의 각 코에서 빼뜨기 3코.

네 번째 엽: 2길 긴뜨기 건너뛰기, 다음 3코의 각 코에서 빼뜨기, 긴뜨기에서 짧은뜨기 1코, 1길 긴뜨기에서 긴뜨기 1코. 다음 1길 긴뜨기에서 1길 긴뜨기 1코. 다음 5코의 각 코에서 1길 긴뜨기 2코. 다음 사슬뜨기 3코의 각 코에서 1길 긴뜨기 1코. 다음 사슬뜨기에서 긴뜨기 1코. 다음 사슬뜨기에서 짧은뜨기 1코. 다음 사슬뜨기에서 빼뜨기 1코. 실을 보이지 않게 매듭짓는다(19쪽 참조).

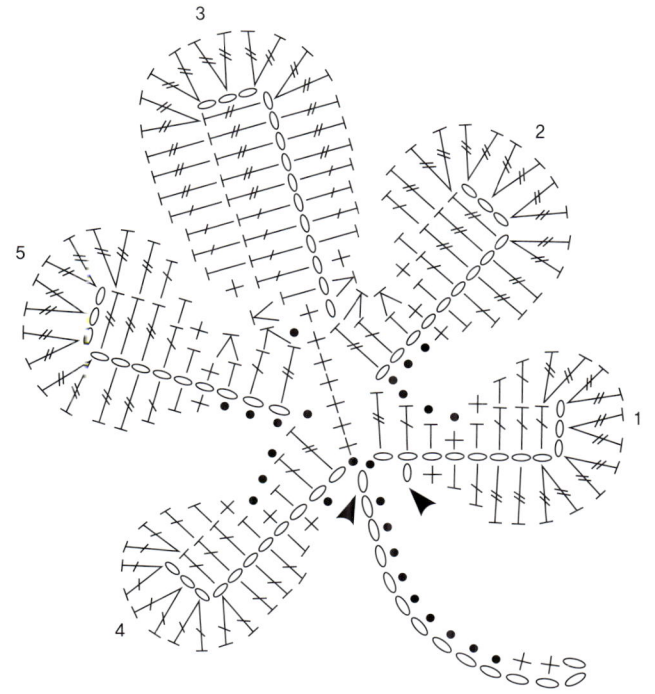

90 호랑가시나무
완성작 보기 ▶ 35, 42쪽

실: 모 병태사 진녹색, 모 합태사 빨간색

뜨는 방법

잎: 1단(겉쪽): 진녹색실로 사슬뜨기 12코를 뜬다. 1코 건너뛰고 *각 코에서 짧은뜨기 1코, 긴뜨기 1코, 1길 긴뜨기 1코, 1길 긴뜨기 2코, 2길 긴뜨기 2코, 1길 긴뜨기 2코, 2길 긴뜨기 2코, 1길 긴뜨기 2코, 1길 긴뜨기 1코, 긴뜨기 1코, 짧은뜨기 1코.** 사슬뜨기 4코, 1코 건너뛰기, 각 코에서 빼뜨기 1코, 짧은뜨기 1코, 사슬뜨기 1코. 이제 바탕코 11코의 남은 가닥에서 *부터 **까지 반복한다.

줄기: 사슬뜨기 9코, 1코 건너뛰고 다음 7코의 각 코에서 빼뜨기, 사슬뜨기 1코. 1단의 코를 따라 다음과 같이 계속 뜬다: ***짧은뜨기에서 짧은뜨기 1코, 긴뜨기에서 짧은뜨기 1코, 사슬뜨기 3코, 1코 건너뛰고 다음 코에서 빼뜨기 1코, 다음 코에서 짧은뜨기 1코, 다음 3코의 각 코에서 짧은뜨기 1코, [사슬뜨기 4코, 1코 건너뛰기, 빼뜨기 1코, 짧은뜨기 1코, 긴뜨기 1코, 1코 건너뛰기, 다음 3코의 각 코에서 짧은뜨기 1코] 2회. 사슬뜨기 3코, 1코 건너뛰기, 다음 사슬뜨기에서 빼뜨기 1코, 다음 사슬뜨기에서 짧은뜨기 1코, 다음 긴뜨기에서 짧은뜨기 1코, 짧은뜨기에서 빼뜨기 1코.**** 실을 보이지 않게 매듭짓는다(19쪽 참조).

두 번째 가장자리: 편물을 안쪽으로 돌려서 1단의 직선 가장자리를 따라 다음과 같이 뜬다: 기둥 위의 사슬에서 진녹색실을 연결한 후 ***부터 ****까지 뜬다. 실을 매듭짓지 않는다. 뾰족한 부분을 잡아 빼 눌러준 후, 중심을 따라 안쪽으로 잎을 접어준다. 작은 호수의 바늘과 진녹색실로 각각의 바탕코 끝에서 짧은뜨기를 한다. 실을 매듭짓는다.

열매(3개 만든다): 빨간색실로 사슬뜨기 4코를 뜬다. 3코 건너뛰고 첫 코에서 2길 긴뜨기 4코 구슬뜨기, 사슬뜨기 2코, 첫 코의 뒤에서 빼뜨기. 실을 매듭짓는다. 한쪽 실 끝으로 열매 속을 채우고, 다른 실 끝으로 잎에 붙인다.

91 털양귀비
완성작 보기 ▶ 35쪽

실: 모 병태사 검은색, 빨간색

뜨는 방법

중심: 검은색실로 원형코뜨기를 한다(18쪽 참조).
1단(겉쪽): 사슬뜨기 3코, [고리에서 1길 긴뜨기 2코 모아뜨기] 8회, 실 끝을 잡아당겨서 고리를 죈다. 사슬뜨기 3코의 맨 위 코에서 빼뜨기. 9코
2단: 사슬뜨기 3코, 다음 8코의 각 코에서 1길 긴뜨기 1코, 빨간색실로 사슬뜨기 3코의 맨 위 코에서 빼뜨기. 계속 빨간색실로 뜬다.

첫 번째 꽃잎
1단(겉쪽): 사슬뜨기 1코, 다음 1길 긴뜨기 2코의 각 코에서 짧은뜨기 1코. 돌린다. 3코
2단: 사슬뜨기 3코, 바로 밑 짧은뜨기에서 1길 긴뜨기 1코, 다음 짧은뜨기에서 1길 긴뜨기 1코, 사슬뜨기 1코에서 1길 긴뜨기 2코. 5코
3단: 사슬뜨기 3코, 바로 밑 1길 긴뜨기에서 1길 긴뜨기 1코를 뜨는데, 마지막 랩을 검은색실로 한다. 검은색실로 다음 1길 긴뜨기 2코의 각 코에서 1길 긴뜨기 1코, 다음 1길 긴뜨기에서 1길 긴뜨기 1코를 뜨는데, 마지막 랩을 빨간색실로 한다. 빨간색실로 사슬뜨기 3코의 맨 위 코에서 1길 긴뜨기 2코를 뜬다. 7코. 계속 빨간색실로 뜬다.
4단: 사슬뜨기 3코, 바로 밑 1길 긴뜨기에서 1길 긴뜨기 1코, 다음 1길 긴뜨기 5코의 각 코에서 1길 긴뜨기 1코, 다음 사슬뜨기 3코의 맨 위 코에서 1길 긴뜨기 2코. 9코
5단: 사슬뜨기 3코, 다음 1길 긴뜨기 2코에서 1길 긴뜨기 2코의 모아뜨기, 다음 1길 긴뜨기 3코에서 1길 긴뜨기 3코의 모아뜨기, 다음 1길 긴뜨기 2코에서 1길 긴뜨기 2코의 모아뜨기, 사슬뜨기 3코의 맨 위 코에서 1길 긴뜨기 1코. 5코. 실을 보이지 않게 매듭짓는다(19쪽 참조).

두 번째, 세 번째 꽃잎: 겉쪽을 놓고, 중심의 다음 코에서 빨간색실을 연결하여 첫 번째 꽃잎의 1-5단처럼 뜬다.

남은 꽃잎 3개를 잡아주는 기둥코 뜨기: 겉쪽을 놓고 꽃잎 뒤에서 뜬다. 꽃잎 1개의 1단 바탕에 뜬 중심 짧은뜨기의 뒤에서 빨간색실을 연결한다. 사슬뜨기 4코, [다음 꽃잎 1단의 중심 짧은뜨기의 뒤에서 짧은뜨기 1코, 사슬뜨기 3코] 2회. 다음 사슬뜨기 4코의 첫 코에서 빼뜨기.

네 번째, 다섯 번째, 여섯 번째 꽃잎: 다음 기둥코 주변으로 사슬뜨기 1코, 짧은뜨기 2코. 첫 번째 꽃잎의 2-5단처럼 완성한다.

수술: 검은색실을 돗바늘에 꿰어 중심 주변에 고리를 만들어서 박음질로 고정한다. 고리를 정돈하고 바늘로 올을 풀어준다.

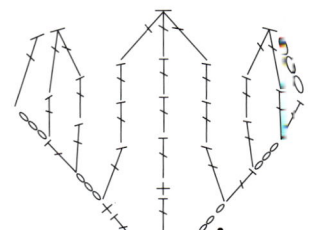

92 동백꽃

완성작 보기 ▶ 34쪽

실: 모 병태사 녹색, 노란색, 빨간색

뜨는 방법

중심: 녹색실로 원형코뜨기를 한다(18쪽 참조).

1단(겉쪽): 사슬뜨기 1코, 고리에서 짧은뜨기 6코를 뜨고 실 끝을 잡아당겨서 고리를 죈다. 실을 보이지 않게 대듭짓는다(19쪽 참조). 1단의 짧은뜨기에서 노란색실을 연결한다.

2단: 사슬뜨기 1코, 각 짧은뜨기에서 (짧은뜨기 1코, 사슬뜨기 3코, 짧은뜨기 1코). 코바늘을 빼서 첫 번째 짧은뜨기에 뒤에서 집어넣어 고리를 잡아 뺀다. 피코 6개

3단: 사슬뜨기 1코, [2단의 짧은뜨기 2코 사이로 뒤에서 코바늘을 집어넣어 1단의 다음 짧은뜨기에서 짧은뜨기 1코, 사슬뜨기 1코] 6회. 사슬뜨기 1코에서 빼뜨기. 실을 매듭짓는다.

첫 번째 꽃잎: 3단의 짧은뜨기에서 빨간색실을 연결한다.

1단(겉쪽): 사슬뜨기 1코, 실을 연결한 짧은뜨기에서 짧은뜨기 5코, 코바늘을 빼서 3단의 똑같은 짧은뜨기에 뒤에서 집어넣어 고리를 잡아 뺀다. 5코

2단: 사슬뜨기 1코, 첫 번째 짧은뜨기에서 짧은뜨기 2코, 다음 짧은뜨기 3코의 각 코에서 짧은뜨기 1코, 마지막 짧은뜨기에서 짧은뜨기 2코. 코바늘을 빼서 3단의 똑같은 짧은뜨기에 뒤에서 집어넣어 고리를 잡아 뺀다. 7코

3단: 사슬뜨기 1코, 첫 번째 짧은뜨기에서 짧은뜨기 2코, 다음 짧은뜨기 5코의 각 코에서 짧은뜨기 1코, 마지막 짧은뜨기에서 짧은뜨기 2코. 코바늘을 빼서 3단의 똑같은 짧은뜨기에 뒤에서 집어넣어 고리를 잡아 뺀다. 9코

4단: 사슬뜨기 1코, 첫 번째 짧은뜨기에서 짧은뜨기 2코, 다음 짧은뜨기 7코의 각 코에서 짧은뜨기 1코, 마지막 짧은뜨기에서 짧은뜨기 2코. 코바늘을 빼서 3단의 똑같은 짧은뜨기에 뒤에서 집어넣어 고리를 잡아 뺀다. 11코

5단: 사슬뜨기 1코, 첫 번째 짧은뜨기에서 짧은뜨기 2코, 다음 짧은뜨기 9코의 각 코에서 짧은뜨기 1코, 마지막 짧은뜨기에서 짧은뜨기 2코. 코바늘을 빼서 3단의 똑같은 짧은뜨기에 뒤에서 집어넣어 고리를 잡아 뺀다. 13코. 실을 매듭짓는다.

두 번째, 세 번째 꽃잎: 사슬뜨기 1코를 남기고, 짧은뜨기 1코, 꽃잎 2개 사이의 비어 있는 중심 3단의 사슬뜨기 1코에서 첫 번째 꽃잎처럼 뜬다.

네 번째 꽃잎: 첫 번째 꽃잎과 두 번째 꽃잎 사이의 짧은뜨기에서 빨간색실을 연결한다.

1단(겉쪽): 사슬뜨기 1코, 실을 연결한 짧은뜨기에서 (짧은뜨기 1코, 1길 긴뜨기 3코, 짧은뜨기 1코). 코바늘을 빼서 3단의 똑같은 짧은뜨기에 뒤에서 집어넣어 고리를 잡아 뺀다. 5코

2단: 사슬뜨기 1코, 첫 번째 짧은뜨기에서 짧은뜨기 2코, 다음 1길 긴뜨기 3코의 각 코에서 1길 긴뜨기 1코, 마지막 짧은뜨기에서 짧은뜨기 2코. 코바늘을 빼서 3단의 똑같은 짧은뜨기에 뒤에서 집어넣어 고리를 잡아 뺀다. 7코

3단: 사슬뜨기 1코, 첫 번째 짧은뜨기에서 짧은뜨기 2코, 다음 5코의 각 코에서 1길 긴뜨기 1코, 마지막 짧은뜨기에서 짧은뜨기 2코. 코바늘을 빼서 3단의 똑같은 짧은뜨기에 뒤에서 집어넣어 고리를 잡아 뺀다. 9코

4단: 사슬뜨기 1코, 첫 번째 짧은뜨기에서 짧은뜨기 2코, 다음 7코의 각 코에서 1길 긴뜨기 2코, 마지막 짧은뜨기에서 짧은뜨기 2코. 코바늘을 빼서 3단의 똑같은 짧은뜨기에 뒤에서 집어넣어 고리를 잡아 뺀다. 18코

5단: 사슬뜨기 1코, 첫 번째 짧은뜨기에서 짧은뜨기 2코, 다음 16코의 각 코에서 짧은뜨기 1코, 마지막 짧은뜨기에서 짧은뜨기 2코. 코바늘을 빼서 3단의 똑같은 짧은뜨기에 뒤에서 집어넣어 고리를 잡아 뺀다. 20코. 실을 매듭짓는다.

다섯 번째, 여섯 번째 꽃잎: 다음 꽃잎 2개 사이에서 빨간색실을 연결해 네 번째 꽃잎처럼 뜬다.

특수 기호

┼↓ 1단의 짧은뜨기 뒤에서 짧은뜨기 뜨기

●→ 코바늘을 빼서 3단의 짧은뜨기에 (겉쪽 뒤에서 그리고 안쪽 앞에서) 집어넣어 고리를 잡아 뺀다.

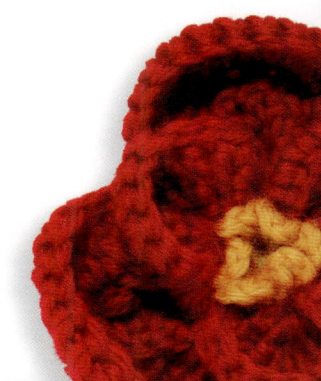

93 장미 모양 장식

완성작 보기 ▶ 27쪽

실: 모 병태사 노란색, 분홍색, 진분홍색, 연한 와인색, 진한 와인색

뜨는 방법

중심: 노란색실로 원형코뜨기를 한다(18쪽 참조).
1단(겉쪽): 사슬뜨기 1코, 고리에서 짧은뜨기 6코를 뜨고 실 끝을 잡아당겨서 고리를 죈 후, 사슬뜨기 1코에서 빼뜨기를 한다.
2단: 사슬뜨기 1코, 연결한 짧은뜨기에서 짧은뜨기 1코, 사슬뜨기 3코, [다음 짧은뜨기에서 짧은뜨기 1코, 사슬뜨기 3코] 5회. 사슬뜨기 1코에서 빼뜨기. 실을 보이지 않게 매듭짓는다(19쪽 참조).

첫 번째 꽃잎 고리: 사슬뜨기 3코 공간에서 분홍색실을 연결한다.
1단: *사슬뜨기 3코 공간에서 [사슬뜨기 1코, 짧은뜨기 1코, 긴뜨기 3코, 짧은뜨기 1코]. 코바늘을 빼서 똑같은 사슬뜨기 3코 공간에 뒤에서 집어넣어 고리를 잡아 뺀다. 코바늘을 빼서 다음 사슬뜨기 3코 공간에 앞에서 집어넣어 고리를 잡아 뺀다. *부터 5회를 더 반복하는데, 마지막 잡아 빼기는 생략한다.
2단: 사슬뜨기 1코, 코바늘을 꽃잎 뒤로 가져가서 뒤에서 집어넣어 중심 2단의 첫 번째 짧은뜨기 기둥에 짧은뜨기 걸어뜨기 1코, 사슬뜨기 3코, [중심 2단의 다음 짧은뜨기 기둥에 짧은뜨기 걸어뜨기 1코, 사슬뜨기 3코] 5회, 첫 번째 짧은뜨기에서 빼뜨기. 실을 매듭짓는다.

두 번째 꽃잎 고리: 사슬뜨기 3코 공간에서 진분홍색실을 연결한다.
1단: *사슬뜨기 3코 공간에서 [사슬뜨기 1코, 짧은뜨기 1코, 긴뜨기 1코, 1길 긴뜨기 3코, 긴뜨기 1코, 짧은뜨기 1코]. 코바늘을 빼서 똑같은 사슬뜨기 3코 공간에 뒤에서 집어넣어 고리를 잡아 뺀다. 코바늘을 빼서 다음 사슬뜨기 3코 공간에 앞에서 집어넣어 고리를 잡아 뺀다. *부터 5회 반복하는데, 마지막 잡아 빼기는 생략한다.
2단: 사슬뜨기 1코, 코바늘을 꽃잎 뒤로 가져가서 뒤에서 집어넣어 첫 번째 꽃잎 고리의 2단 첫 번째 짧은뜨기 기둥에 짧은뜨기 걸어뜨기 1코, 사슬뜨기 4코, [첫 번째 꽃잎 고리의 2단 다음 짧은뜨기 기둥에 짧은뜨기 걸어뜨기 1코, 사슬뜨기 4코] 5회. 첫 번째 짧은뜨기에서 빼뜨기. 실을 매듭짓는다.

세 번째 꽃잎 고리: 사슬뜨기 4코 공간에서 연한 와인색실을 연결한다.
1단: *사슬뜨기 4코 공간에서 [사슬뜨기 1코, 짧은뜨기 1코, 긴뜨기 1코, 1길 긴뜨기 1코, 2길 긴뜨기 3코, 1길 긴뜨기 1코, 긴뜨기 1코, 짧은뜨기 1코]. 코바늘을 똑같은 사슬뜨기 4코 공간에 뒤에서 집어넣어 고리를 잡아 뺀다. 코바늘을 다음 사슬뜨기 4코 공간에 앞에서 집어넣어 고리를 잡아 뺀다. *부터 5회 반복하는데, 마지막 잡아 빼기는 생략한다.
2단: 사슬뜨기 1코, 코바늘을 꽃잎 뒤로 가져가서 뒤에서 집어넣어 두 번째 꽃잎 고리의 2단 첫 번째 짧은뜨기 기둥에 짧은뜨기 걸어뜨기 1코, 사슬뜨기 5코, [두 번째 꽃잎 고리의 2단 다음 짧은뜨기 기둥에 짧은뜨기 걸어뜨기 1코, 사슬뜨기 5코] 5회. 첫 번째 짧은뜨기에서 빼뜨기. 실을 매듭짓는다.

네 번째 꽃잎 고리: 사슬뜨기 5코 공간에서 진한 와인색을 연결한다.
마지막 단: *사슬뜨기 5코 공간에서 [사슬뜨기 1코, 짧은뜨기 1코, 긴뜨기 1코, 1길 긴뜨기 1코, 2길 긴뜨기 5코, 1길 긴뜨기 1코, 긴뜨기 1코, 짧은뜨기 1코]. 코바늘을 똑같은 사슬뜨기 5코 공간에 뒤에서 집어넣어 고리를 잡아 뺀다. 코바늘을 다음 사슬뜨기 4코 공간에 앞에서 집어넣어 고리를 잡아 뺀다. *부터 5회 반복하는데, 마지막 잡아 빼기는 생략한다. 실을 매듭짓는다.

특수 기호

● 코바늘을 빼서 똑같은 사슬뜨기 공간에 뒤에서 집어넣어 고리를 잡아 뺀다. 코바늘을 빼서 다음 사슬뜨기 공간에 앞에서 집어넣어 고리를 잡아 뺀다.

⫟ 코바늘을 뒤에서 집어넣어 바로 밑 코의 기둥에 짧은뜨기 1코를 뜬다.

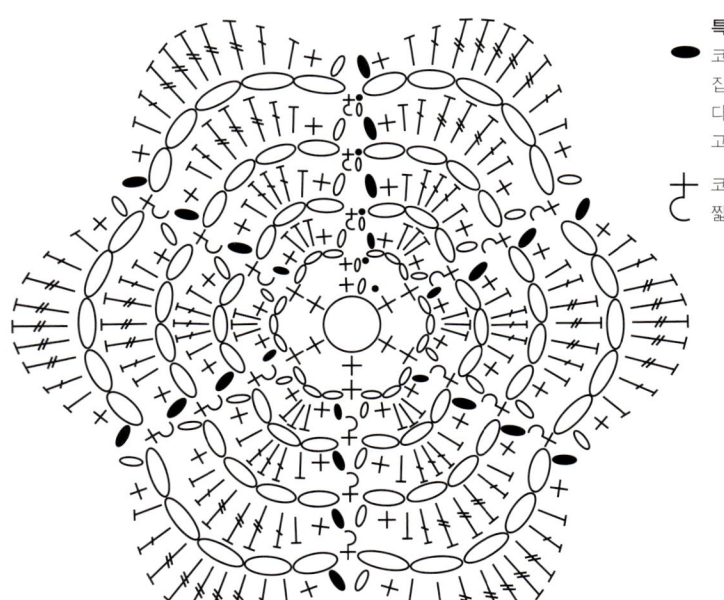

94 주름 장미
완성작 보기 ▶ 22쪽

실: 모 합태사 연분홍색, 진분홍색

뜨는 방법

연분홍색실로 사슬뜨기 10코를 뜬 후 첫 코에서 빼뜨기를 해서 고리를 만든다.
1단(겉쪽): 사슬뜨기 7코. [고리에서 2길 긴뜨기 1코, 사슬뜨기 3코] 9회. 사슬뜨기 7코의 네 번째 코에서 빼뜨기. 사슬뜨기 기둥코 10개 **2단:** 사슬뜨기 3코, 첫 번째 사슬뜨기 3코 기둥코를 둘러싸며 1길 긴뜨기 3코. [다음 2길 긴뜨기를 둘러싸며 1길 긴뜨기 4코, 중심 고리에서 1길 긴뜨기 1코, 다음 2길 긴뜨기를 둘러싸며 1길 긴뜨기 4코, 사슬뜨기 3코 기둥코 1개를 남겨두고 다음 사슬뜨기 3코 기둥코를 둘러싸며 1길 긴뜨기 4코] 4회. 다음 2길 긴뜨기를 둘러싸며 1길 긴뜨기 4코, 고리에서 1길 긴뜨기 1코, 사슬뜨기 4코를 둘러싸며 1길 긴뜨기 4코, 사슬뜨기 3코의 맨 위 코에서 빼뜨기. 실을 매듭짓는다(19쪽 참조). **3단:** 남겨둔 사슬뜨기 3코 기둥코에서 진분홍색실을 연결한다. 사슬뜨기 7코. [기둥코를 둘러싸며 2길 긴뜨기 1코, 사슬뜨기 3코] 3회. *다음 사슬뜨기 3코 기둥코를 둘러싸며 [2길 긴뜨기 1코, 사슬뜨기 3코] 4회. *부터 3회 반복. 사슬뜨기 7코의 네 번째 코에서 빼뜨기. 사슬뜨기 기둥코 20개 **4단:** 사슬뜨기 3코, 사슬뜨기 4코를 둘러싸며 1길 긴뜨기 3코, 아래 공간에서 1길 긴뜨기 1코, [다음 2길 긴뜨기를 둘러싸며 1길 긴뜨기 4코, 사슬뜨기 3코 기둥코 1개를 남겨두고 사슬뜨기 3코 기둥코를 둘러싸며 1길 긴뜨기 4코, 다음 2길 긴뜨기를 둘러싸며 1길 긴뜨기 4코, 아래 공간에서 1길 긴뜨기 1코] 9회. 다음 2길 긴뜨기를 둘러싸며 1길 긴뜨기 4코, 마지막 사슬뜨기 3코 기둥코를 둘러싸며 1길 긴뜨기 4코, 사슬뜨기 3코의 맨 위 코에서 빼뜨기. 실을 매듭짓고 남은 실로 감침질한다. **5단:** 5단은 장미의 뒤로 자연스럽게 접힌다. 남겨둔 사슬뜨기 3코 기둥코를 둘러싸며 진분홍색실을 다시 연결한다. 사슬뜨기 3코, 기둥코를 둘러싸며 2길 긴뜨기 2코의 모아뜨기. [사슬뜨기 1코, 다음 기둥코를 둘러싸며 2길 긴뜨기 3코의 구슬뜨기] 9회. 사슬뜨기 1코, 사슬뜨기 3코의 맨 위 코에 빼뜨기. 구슬뜨기 10개 **6단:** 사슬뜨기 3코. [다음 2코에서 2길 긴뜨기 2코의 구슬뜨기] 10회. 사슬뜨기 3코의 맨 위 코에서 빼뜨기. 실을 20cm 정도 남겨두고 매듭짓는다. 실을 구슬뜨기 윗면에 꿰어서 끌어올린다.

특수 기호
뜨개질 방향

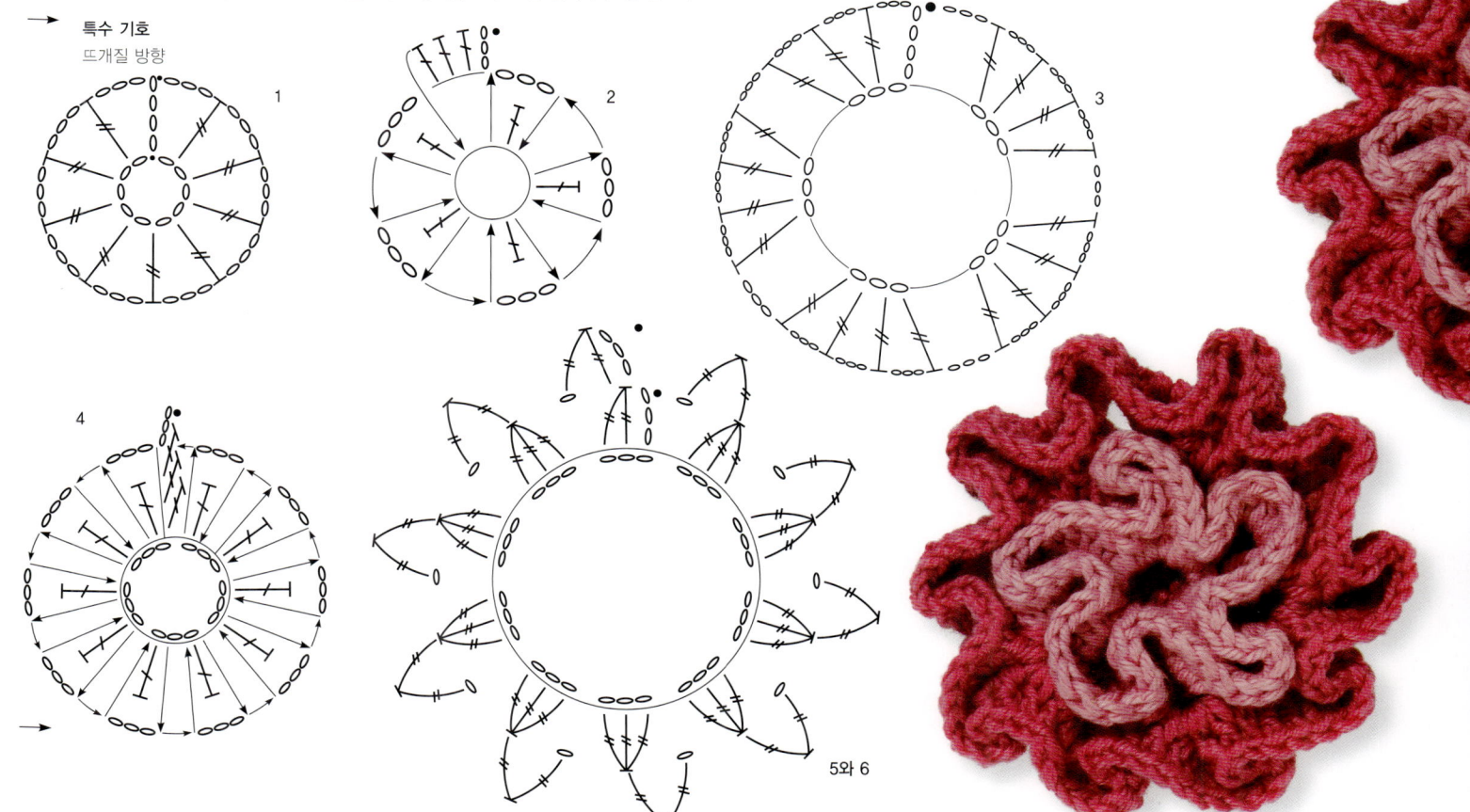

5와 6

95 패랭이
완성작 보기 ▶ 27쪽

실: 면 병태사 분홍색, 자홍색, 하얀색

뜨는 방법

중심: 분홍색실로 원형코뜨기를 한다(18쪽 참조).
1단(겉쪽): 사슬뜨기 3코, 고리에서 1길 긴뜨기 9코를 뜨고 실 끝을 잡아당겨서 고리를 죈다. 사슬뜨기 3코의 맨 위 코에 자홍색실로 빼뜨기를 하고 계속 자홍색실로 뜬다. 10코
2단: 사슬뜨기 3코, 바로 밑 코에서 1길 긴뜨기 1코, 다음 9코의 각 코에서 1길 긴뜨기 2코, 사슬뜨기 3코의 맨 위 코에서 하얀색실로 빼뜨기를 한다. 20코. 계속 하얀색실로 뜬다.

꽃잎:
3단: 1길 긴뜨기 2코 건너뛰기, *다음 1길 긴뜨기에서 2길 긴뜨기 9코, 1길 긴뜨기 2코 건너뛰기, 다음 1길 긴뜨기에서 빼뜨기. 바늘을 방금 뜬 꽃잎 뒤로 가져가서 꽃잎 중심 다음의 첫 번째 1길 긴뜨기에 앞에서 뒤로 넣고 실을 감아 1길 긴뜨기와 바늘에 걸린 고리를 한 번에 잡아 뺀다.** 이전 꽃잎의 빼뜨기 바로 다음의 1길 긴뜨기에서 2길 긴뜨기 9코 꽃잎을 만들고, *부터 **까지 4회 반복한다. 첫 번째 꽃잎의 중심 전에 있는 1길 긴뜨기에서 빼뜨기를 해서 다섯 번째 꽃잎을 마무리한 후, 코바늘을 방금 뜬 꽃잎 뒤로 가져가서 첫 번째 꽃잎의 첫 번째 2길 긴뜨기 윗면에서 빼뜨기를 한다. 실을 매듭짓는다.
4단: 꽃잎의 첫 번째 2길 긴뜨기에 자홍색실을 연결한다. 사슬뜨기 1코, [다음 2길 긴뜨기에서 짧은뜨기 1코, 사슬뜨기 1코] 8회, 빼뜨기에서 짧은뜨기 1코. 실을 보이지 않게 매듭짓는다(19쪽 참조). 꽃잎마다 이런 식으로 가장자리를 뜬다.

특수 기호
↷ 코바늘을 방금 뜬 꽃잎 뒤로 가져간다 (본문의 3단 참조).
● 3단의 마지막 빼뜨기 (본문 참조)

96 후크시아
완성작 보기 ▶ 27쪽

실: 면 합태사 분홍색, 보라색

뜨는 방법

바깥 꽃: 분홍색실로 사슬뜨기 4코를 뜨고 첫 코에서 빼뜨기를 해서 고리를 만든다.
1단(겉쪽): 사슬뜨기 3코, 고리에서 1길 긴뜨기 5코, 사슬뜨기 3코의 맨 위 코에서 빼뜨기. 6코
2단: 사슬뜨기 2코, 바로 밑 코에서 짧은뜨기 1코. 다음 1길 긴뜨기 5코의 각 코에서 짧은뜨기 2코, 사슬뜨기 2코의 맨 위 코에서 빼뜨기. 12코 **3단:** 사슬뜨기 4코. 다음 짧은뜨기 11코의 각 코에서 2길 긴뜨기 1코. 사슬뜨기 4코의 맨 위 코에서 빼뜨기. **4단:** [사슬뜨기 5코, 다음 2길 긴뜨기에서 3길 긴뜨기 2코의 구슬뜨기, 사슬뜨기 3코. 2코 건너뛰기. 다음 사슬뜨기에서 빼뜨기, 다음 2길 긴뜨기에서 3길 긴뜨기 2코의 구슬뜨기, 사슬뜨기 5코. 다음 2길 긴뜨기에서 빼뜨기] 4회. 3단의 빼뜨기에서 빼뜨기하여 마무리한다. 실을 보이지 않게 매듭짓는다(19쪽 참조).
방울: 보라색실로 사슬뜨기 6코를 뜨고 첫 코에서 빼뜨기를 해서 고리를 만든다.
1단(겉쪽): 사슬뜨기 2코, 고리에서 짧은뜨기 8코, 사슬뜨기 2코의 맨 위 코에서 빼뜨기. 9코 **2단:** 사슬뜨기 3코, 다음 짧은뜨기 8코의 각 코에서 1길 긴뜨기 1코, 사슬뜨기 3코의 맨 위 코에서 빼뜨기. **3단:** 사슬뜨기 5코, 다음 1길 긴뜨기에서 3길 긴뜨기 1코. [다음 1길 긴뜨기에서 2길 긴뜨기 2코, 다음 1길 긴뜨기 2코의 각 코에서 3길 긴뜨기 1코] 2회. 다음 1길 긴뜨기에서 3길 긴뜨기 2코, 사슬뜨기 5코의 맨 위 코에서 빼뜨기. 12코. 실을 보이지 않게 매듭짓는다.
줄기: 분홍색실로 사슬뜨기 15코, 1코 건너뛰기, 다음 15코의 각 코에서 빼뜨기하고 매듭짓는다.
붙이기: 분홍색실을 짧게 3개 잘라서 각 실의 끝을 묶은 다음 방울 안에 넣고, 방울을 꽃 안에 넣어 줄기에 붙인다.

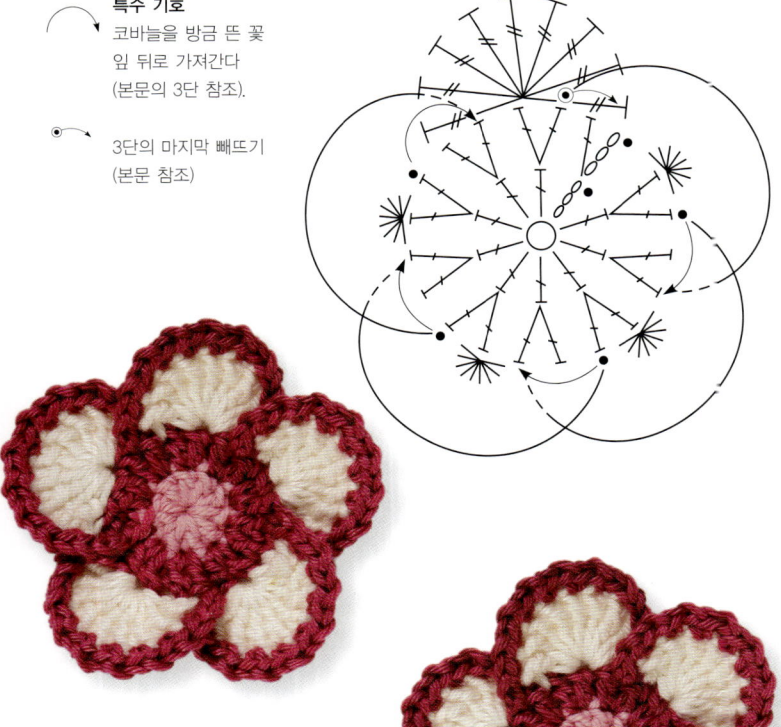

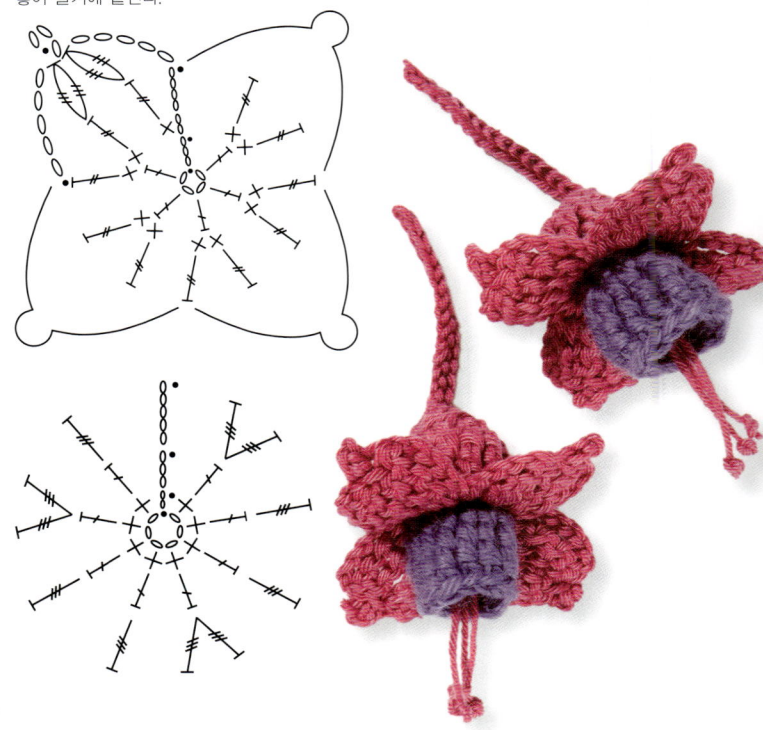

97 무화과
완성작 보기 ▶ 45쪽

실: 모 합태사 연녹색, 보라색

뜨는 방법

연녹색실로 원형코뜨기를 한다(18쪽 참조).

1단(겉쪽): 사슬뜨기 3코, 고리에서 1길 긴뜨기 11코를 뜨고 실 끝을 잡아당겨서 고리를 죈다. 사슬뜨기 3코의 맨 위 코에서 빼뜨기. 12코

2단: 사슬뜨기 3코, [다음 1길 긴뜨기 2코의 각 코에서 1길 긴뜨기 2코, 다음 1길 긴뜨기에서 1길 긴뜨기 1코] 3회. 다음 1길 긴뜨기 2코의 각 코에서 1길 긴뜨기 2코, 사슬뜨기 3코의 맨 위 코에서 빼뜨기. 20코

3단: 사슬뜨기 3코, [다음 1길 긴뜨기의 기둥에 2길 긴뜨기 앞걸어뜨기 1코, 다음 1길 긴뜨기에서 1길 긴뜨기 2코] 9회. 다음 1길 긴뜨기의 기둥에 2길 긴뜨기 앞걸어뜨기 1코, 사슬뜨기 3코의 바탕 빼뜨기에서 1길 긴뜨기 1코, 사슬뜨기 3코의 맨 위 코에서 보라색실로 빼뜨기. 30코. 보라색실로 계속 뜬다.

주의: 모든 2길 긴뜨기는 기둥에 앞걸어뜨기를 한다.

4단: 사슬뜨기 3코, [다음 코의 기둥에 2길 긴뜨기 앞걸어뜨기 1코, 다음 1길 긴뜨기 2코의 각 코에서 1길 긴뜨기 1코] 9회. 다음 코의 기둥에 2길 긴뜨기 앞걸어뜨기 1코, 다음 1길 긴뜨기에서 1길 긴뜨기 1코, 사슬뜨기 3코의 맨 위 코에서 빼뜨기.

5단: 사슬뜨기 3코, 다음 코의 기둥에 2길 긴뜨기 앞걸어-뜨기 1코, [다음 1길 긴뜨기 2코에서 1길 긴뜨기 1코 모아뜨기, 다음 코의 기둥에 2길 긴뜨기 앞걸어뜨기 1코] 9회. 다음 1길 긴뜨기에서 1길 긴뜨기 1코, 사슬뜨기 3코의 맨 위 코에서 빼뜨기. 21코

6단: 사슬뜨기 3코, [다음 코의 기둥에 2길 긴뜨기 앞걸어뜨기 1코, 다음 1길 긴뜨기에서 1길 긴뜨기 1코] 10회. 사슬뜨기 3코의 맨 위 코에서 빼뜨기.

7단: 사슬뜨기 3코, [다음 2코에서 2길 긴뜨기-1길 긴뜨기 모아뜨기] 10회, 사슬뜨기 3코의 맨 위 코에서 빼뜨기. 11코

보라색실을 둘둘 말아 연필 끝으로 무화과 속에 밀어 놓는다.

8단: 사슬뜨기 3코, [모아뜨기의 기둥에 2길 긴뜨기 앞걸어뜨기 1코] 10회, 사슬뜨기 3코의 맨 위 코에서 빼뜨기.

9단: 사슬뜨기 3코, [다음 코의 기둥에 2길 긴뜨기 앞걸어뜨기 1코] 10회. 사슬뜨기 3코의 맨 위 코에서 빼뜨기. 실을 길게 남겨 두고 매듭짓기. 남겨둔 실로 꼭지가 되는 마지막 몇 단의 잎맥 밑의 코들을 모아 잡는다.

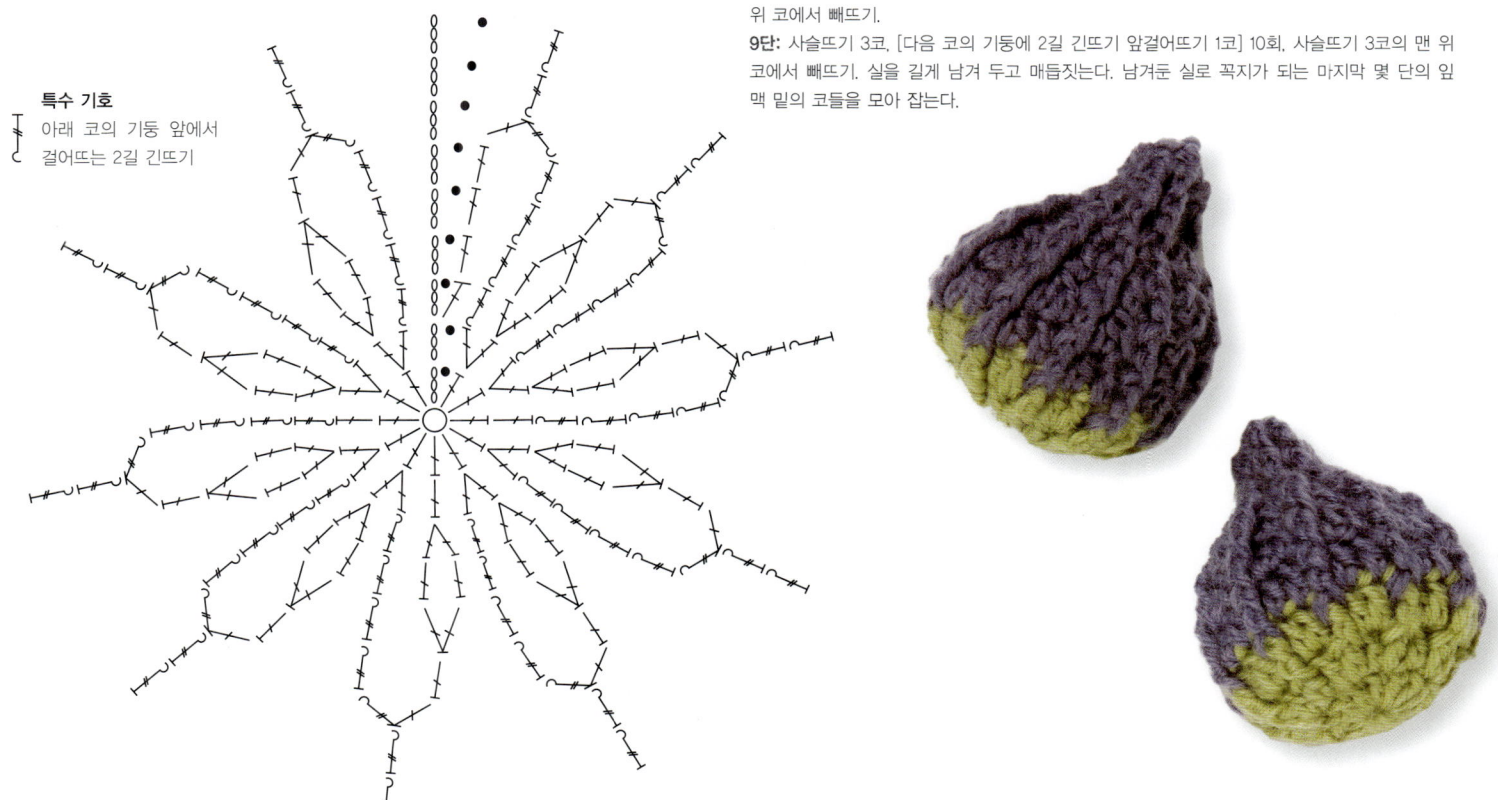

특수 기호

아래 코의 기둥 앞에서 걸어뜨는 2길 긴뜨기

98 팬지
완성작 보기 ▶ 30쪽

실: 모 병태사 노란색, 보라색, 연한 자주색

뜨는 방법

중심과 첫 번째 꽃잎: 노란색실로 사슬뜨기 6코를 뜨고 첫 코에서 빼뜨기해 고리를 만든다.
1단(겉쪽): 사슬뜨기 2코, 고리에서 짧은뜨기 2코를 뜨는데, 마지막 코의 랩을 보라색실로 한다. 4코. 계속 보라색실로 뜬다. **2단:** 사슬뜨기 3코, 바로 밑의 짧은뜨기에서 1길 긴뜨기 1도, 다음 짧은뜨기 2코의 각 코에서 2길 긴뜨기 2코, 사슬뜨기 2코의 맨 위 코에서 1길 긴뜨기 2도. 8코. 실을 보이지 않게 매듭짓는다(19쪽 참조). **3단(겉쪽):** 2단의 마지막 1길 긴뜨기의 기둥 바깥에서 연한 자주색실을 연결한다. 사슬뜨기 1코, 1길 긴뜨기의 기둥에서 짧은뜨기 1코, 1길 긴뜨기의 윗면에서 (짧은뜨기 1코, 사슬뜨기 1코, 1길 긴뜨기 1코), 사슬뜨기 1코, 다음 1길 긴뜨기에서 (2길 긴뜨기 1코, 3길 긴뜨기 1코), 다음 2길 긴뜨기 4코의 각 코에서 2길 긴뜨기 2코, 다음 1길 긴뜨기에서 (3길 긴뜨기 1코, 2길 긴뜨기 1코), 사슬뜨기 1코, 사슬뜨기 3코의 맨 위 코에서 1길 긴뜨기 1코, 사슬뜨기 1코, 짧은뜨기 1코). 다음 사슬뜨기에서 짧은뜨기 1코. 다음 코에서 빼뜨기. 실을 보이지 않게 매듭짓는다.

두 번째 꽃잎: 중심의 사슬뜨기 고리에서 보라색실을 연결한다. **1단(겉쪽):** 사슬뜨기 2도, 고리에서 짧은뜨기 2코. 3코. **2단:** 사슬뜨기 3코, 바로 밑 짧은뜨기에서 2길 긴뜨기 1코, 다음 짧은뜨기에서 2길 긴뜨기 1코, 사슬뜨기 2코의 맨 위 코에서 (2길 긴뜨기 1코, 1길 긴뜨기 1코). 6코. 실을 매듭짓는다. **3단(겉쪽):** 2단의 마지막 1길 긴뜨기의 기둥 바탕에서 연한 자주색실을 연결한다. 사슬뜨기 1코, 1길 긴뜨기의 기둥에서 짧은뜨기 1코, 1길 긴뜨기의 윗면에서 (짧은뜨기 1코, 사슬뜨기 1코, 1길 긴뜨기 1코), 사슬뜨기 1코, 다음 2길 긴뜨기에서 (2길 긴뜨기 1코, 3길 긴뜨기 1코), 사슬뜨기 1코, 다음 2길 긴뜨기에서 2길 긴뜨기 2코, 사슬뜨기 1코, 다음 2길 긴뜨기에서 (3길 긴뜨기 1코, 2길 긴뜨기 1코), 사슬뜨기 1코, 사슬뜨기 3코의 맨 위 코에서 (1길 긴뜨기 1코, 사슬뜨기 1코, 짧은뜨기 1코). 다음 사슬뜨기에서 짧은뜨기 1코. 다음 코에서 빼뜨기하고 매듭짓는다.

세 번째 꽃잎: 두 번째 꽃잎과 똑같이 뜬다. 모든 실 끝으로 감침질한다.

네 번째 꽃잎: 겉쪽을 놓고, 첫 번째 꽃잎에서 노란색실로 뜬 첫 번째 짧은뜨기에서 연한 자주색실을 연결하여, 중심 꽃잎의 뒤쪽에서 뜬다. 사슬뜨기 4코, 첫 번째 꽃잎 1단의 사슬뜨기 2코의 바탕에서 짧은뜨기 1코. 돌린다. **1단(안쪽):** *사슬뜨기 4코, 사슬뜨기 기둥코를 둘러싸며 2길 긴뜨기 3코. 4코. **2단:** 사슬뜨기 3코, 바로 밑의 2길 긴뜨기에서 1길 긴뜨기 1코, 다음 2길 긴뜨기 2코의 각 코에서 2길 긴뜨기 2코, 사슬뜨기 4코의 맨 위 코에서 (2길 긴뜨기 1코, 1길 긴뜨기 1코). 3코. 실을 매듭짓는다. **3단:** 겉쪽을 놓고, 1단의 첫 번째 2길 긴뜨기 바탕에서 연한 자주색실을 다시 연결한다. 사슬뜨기 1코, 2길 긴뜨기의 기둥에서 짧은뜨기 1코, 2길 긴뜨기의 윗면에서 (짧은뜨기 1코, 2단의 첫 사슬뜨기 2코의 각 코에서 짧은뜨기 1코, 맨 위 사슬뜨기에서 (짧은뜨기 2코, 사슬뜨기 1코, 1길 긴뜨기 1코), 사슬뜨기 1코, 다음 2길 긴뜨기에서 2길 긴뜨기 2코, 다음 2길 긴뜨기 3코의 각 코에서 2길 긴뜨기 1코, 다음 2길 긴뜨기에서 2길 긴뜨기 2코, 사슬뜨기 1코, 2길 긴뜨기에서 (1길 긴뜨기 1코, 사슬뜨기 1코, 짧은뜨기 1코), 1길 긴뜨기의 기둥에서 짧은뜨기 3코. 다음 사슬뜨기 2코의 각 코에서 짧은뜨기 1코, 다음 사슬뜨기에서 빼뜨기. 실을 보이지 않게 매듭짓는다.

다섯 번째 꽃잎: 안쪽을 놓고, 사슬뜨기 기둥코에서 연한 자주색실을 연결한 후, 네 번째 꽃잎의 *부터 뜬다.

붙이기: 각각의 꽃잎을 누르고 네 번째와 다섯 번째 꽃잎의 1단과 2단을 약간 겹치게 잡아준다.

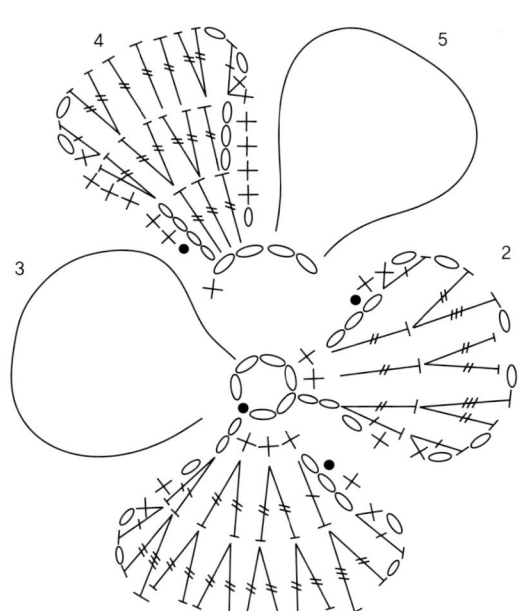

99 비올라
완성작 보기 ▶ 31쪽

실: 모 합태사 노란색, 연한 자주색, 보라색, 어두운 올리브색의 모 자수실 약간

뜨는 방법

첫 번째 꽃잎: 노란색실로 사슬뜨기 5코를 뜬 후, 첫 코에서 빼뜨기를 해서 고리를 만든다.
1단(겉쪽): 사슬뜨기 3코, 고리에서 1길 긴뜨기 6코. 7코
2단: 사슬뜨기 5코, 다음 2코에서 2길 긴뜨기 2코의 모아뜨기. 다음 코에서 1길 긴뜨기 1코, 다음 2코에서 2길 긴뜨기 2코의 모아뜨기. 사슬뜨기 5코, 사슬뜨기 3코의 맨 위 코에서 빼뜨기. 실을 보이지 않게 매듭짓는다(19쪽 참조).

두 번째, 세 번째 꽃잎:
*1단(겉쪽): 사슬뜨기 5코 고리에서 연한 자주색실을 연결한다. 사슬뜨기 3코, 고리에서 1길 긴뜨기 4코. 5코
2단: 사슬뜨기 4코, 다음 3코에서 1길 긴뜨기 3코의 모아뜨기. 사슬뜨기 4코, 사슬뜨기 3코의 맨 위 코에서 빼뜨기. 실을 보이지 않게 매듭짓는다.** *에서 **를 반복하여 세 번째 꽃잎을 뜬다.

네 번째 꽃잎: 편물을 안쪽으로 돌린다. 첫 번째와 두 번째 꽃잎 사이의 사슬뜨기 5코 고리에서 보라색실을 연결한다. 사슬뜨기 4코, 첫 번째와 세 번째 꽃잎 사이의 고리에서 빼뜨기. 돌린다. 이제부터 두 번째와 세 번째 꽃잎의 뒤에서 뜬다.
1단(겉쪽): 사슬뜨기 2코, 사슬뜨기 4코 기둥코를 둘러싸며 짧은뜨기 6코. 7코
2단: 사슬뜨기 2코, 바로 밑 코에서 짧은뜨기 1코. 다음 짧은뜨기 5코의 각 코에서 짧은뜨기 1코, 사슬뜨기 2코의 맨 위 코에서 짧은뜨기 2코. 9코
3단: 사슬뜨기 3코, 바로 밑 코에서 1길 긴뜨기 1코. 다음 짧은뜨기 7코의 각 코에서 1길 긴뜨기 1코, 사슬뜨기 2코의 맨 위 코에서 1길 긴뜨기 2코. 11코
4단: 사슬뜨기 3코, 다음 1길 긴뜨기 4코에서 1길 긴뜨기 4코의 모아뜨기. 사슬뜨기 3코, 다음 1길 긴뜨기에서 빼뜨기. 사슬뜨기 2코, 다음 1길 긴뜨기 4코에서 1길 긴뜨기 4코의 모아뜨기, 사슬뜨기 3코, 사슬뜨기 3코의 맨 위 코에서 빼뜨기. 실을 보이지 않게 매듭짓는다.
붙이기: 꽃잎을 누르고 1길 긴뜨기를 따라 자수실로 수를 놓는다.

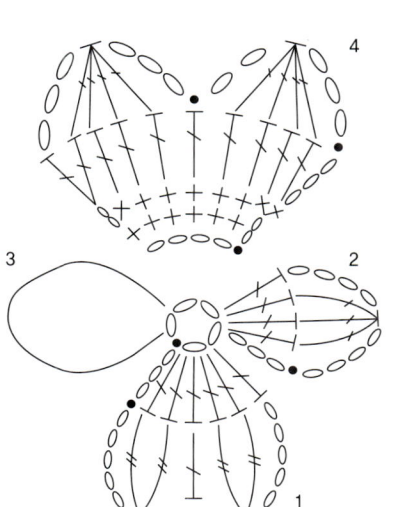

100 수레국화
완성작 보기 ▶ 33쪽

실: 모 병태사 녹색, 진한 파란색, 파란색

뜨는 방법

뒷면: 녹색실로 끝을 길게 남겨 두고 원형코뜨기를 한다(18쪽). 남긴 실은 줄기가 된다.
1단(겉쪽): 사슬뜨기 1코, 고리에서 짧은뜨기 3코를 뜨고 실 끝을 잡아당겨서 고리를 죈다. 첫 번째 짧은뜨기에서 빼뜨기. 짧은뜨기 3코.*
2단: 사슬뜨기 1코, 각 짧은뜨기에서 짧은뜨기 2코, 첫 번째 짧은뜨기에서 빼뜨기. 짧은뜨기 6코
3단: 사슬뜨기 1코, 각 짧은뜨기에서 짧은뜨기 1코, 첫 번째 짧은뜨기에서 빼뜨기. 매듭짓는다.
중심: 진한 파란색실로 뒷면의 *까지 뜬다. 이때 1단은 안쪽이다.
2단: 사슬뜨기 1코, 각 짧은뜨기 코에서 링 뜨기 2코, 사슬뜨기 1코에서 빼뜨기. 링 6개
연결 단: 링을 겉으로 놓은 다음. 뒷면에 중심을 놓고 진한 파란색실로 두 장을 연결하는 코를 한 코씩 뜬다: 두 장의 같은 위치 코에서 짧은뜨기를 2코 뜨고, 첫 번째 짧은뜨기에서 빼뜨기. 12코. 실을 매듭짓는다.

통꽃: 중심을 겉으로 놓고. 연결 단의 짧은뜨기에서 파란색실을 연결한다.
1단(겉쪽): 사슬뜨기 1코, 연결한 짧은뜨기에서 짧은뜨기 5코, 첫 번째 짧은뜨기에서 빼뜨기.
2단: 사슬뜨기 1코, 각 짧은뜨기에서 짧은뜨기 1코, 첫 번째 짧은뜨기에서 빼뜨기.
3단: 사슬뜨기 1코, 각 짧은뜨기에서 (짧은뜨기 1코, 1길 긴뜨기 1코, 짧은뜨기 1코). 첫 번째 짧은뜨기에서 빼뜨기. 실을 보이지 않게 매듭짓는다(19쪽 참조).
통꽃을 6개 더 떠서, 연결 단을 중심으로 짧은뜨기 1코−1 2코 간격으로 붙인다.

♀ 특수 코와 기호
링 뜨기−링을 뜰 코에 바늘을 넣고, 왼쪽 가운뎃손가락을 쭉 펴서 집게손가락 앞에 있는 실과 뒤에 있는 실을 잡아 고리를 만든다. 코 사이로 두 가닥의 실을 모두 잡아 빼고 바늘에 실을 감아 코바늘에 걸린 고리 3개를 잡아 뺀다.

뒷면

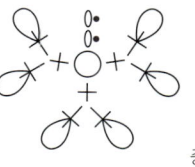
중심

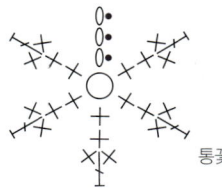
통꽃

4장 응용하기

지금까지 설명한 꽃들과 잎사귀, 과일, 채소를
다양하게 응용할 수 있는 아이디어를 소개합니다.
옷에 직접 달거나 브로치와 같은 액세서리를 만들 수도 있고,
집 안 곳곳의 물건을 꾸밀 수도 있어요.
매일 쓰는 물건이 화사해지고 기분 전환도 될 거예요.
부착하는 방법은 바느질이 가장 일반적이지만,
재질에 따라 핀을 달거나 접착제를 쓸 수도 있어요.
다양한 방법으로 활용해보세요!

작품 01 | 빨래집게 주머니

나무 옷걸이와 아마포 행주로 만든 빨래집게 주머니에 면사로 대바늘뜨기를 한 더블데이지를 달아보았어요. 더블데이지 뒤에는 똑딱단추가 숨겨져 있지요. 여기에 빨래집기를 보관해두면 빨래를 널 때도 기분이 좋을 거예요.

작품 02 | 핸드백

작은 이브닝 핸드백에 코바늘뜨기로 뜬 꽃송이를 장식해보았어요.
지퍼 고리에 장미꽃 봉오리와 작은 잎사귀들을 달아 앙증맞으면서도
실용적이지요. 다른 꼬리표나 지퍼에도 다양하게 응용할 수 있어요.

작품 03 | 수첩

수첩에 고리와 꽃으로 잠금장치를 만들어
붙이면 독특하고 예뻐요. 여기에서는
코바늘뜨기로 팬지를 떠서 장식했지만,
여러분의 취향과 코바늘뜨기 수준에 따라
여러 가지로 응용해보세요.

작품 04 | 크리스마스 선물 포장

선물을 포장할 때 직접 뜬 꽃이나 잎사귀로 마무리를 하면 포장이 훨씬 고급스러워 보여요. 밝은 빨간색으로 포인세티아를 떠서 장식했더니 눈길이 절로 가네요. 특별한 사람을 위한 크리스마스 선물을 준비해보세요.

작품 05 | 아기 카디건

귀여운 아기 옷에 작은 코바늘뜨기로 만든 물망초를 단추처럼 장식했어요.
산토리나도 단추로 쓰기에 좋아요. 메코놉시스 장식을 덧붙이면 패션이
완성된답니다.

작품 06 | 머플러

평범한 머플러지만 브로치 대신에 여러 종류의 꽃송이들로
작은 부케를 만들어서 장식하면 추운 겨울도 활기차게
보낼 수 있을 것 같아요. 여기에서는 앵초와 체꽃, 수레국화,
과꽃, 은방울꽃, 작은 잎사귀들을 장식해보았어요.

작품 07 | 캔버스화

작년에 신던 캔버스화에 귀여운 비올라를 장식해서 나만의 특별한 신발을 만들어보세요. 아이의 신발에도 응용할 수 있어요.

작품 08 | 러플

망사 스커트나 페티코트의 주름을 따라 반짝이는 은사로 주름 장미를 떠보았어요. 여자 아이의 파티 드레스에는 부드러운 브러시드 모헤어로 뜬 주름 장미를 달아보세요.

작품 09 | **테이블 장식**

디너 테이블에 대바늘로 뜬 아스파라거스를 놓고 그 위에 네임카드를
올려놓으면 손님들이 기뻐하실 거예요. 근사한 디너 테이블을 꾸밀 수 있는
멋진 아이디어죠?

작품 10 | **장바구니**

평범한 플라스틱 장바구니가 화려한 색의 채소 덕분에 새로 태어났어요.
대바늘로 뜬 당근과 코바늘로 뜬 완두콩 깍지는 화려한 브로치가 될 수도 있어요.

찾아보기

ㄱ

감귤나무 잎_38, 43, 44
　뜨는 방법_55
갯개미취_30
　뜨는 방법_70
거베라_36
　뜨는 방법_93
겨우살이_41
　뜨는 방법_73
과꽃_29
　뜨는 방법_78
국화(대바늘)_36
　뜨는 방법_49
국화(코바늘)_37
　뜨는 방법_67
금잔화_37
　뜨는 방법_92
꽃양귀비_35
　뜨는 방법_48

ㄴ

나비
　갈고리 나비_24, 28
　　뜨는 방법_95
　붉은까불나비_32, 39
　　뜨는 방법_84
　파란 나비_27
　　뜨는 방법_64
나팔수선화_38
　뜨는 방법_57
나팔꽃_40
　뜨는 방법_65
나팔수선화_38
　뜨는 방법_94
넓은 잎사귀_25, 42, 45
　뜨는 방법_50

ㄷ

달리아_29
　뜨는 방법_52
담쟁이덩굴 잎_43
　뜨는 방법_91
당근_44
　뜨는 방법_49
더블데이지_41
　뜨는 방법_50
도토리(대바늘)_43
　뜨는 방법_51
도토리(코바늘)_42
　뜨는 방법_97
동백꽃_34
　뜨는 방법_101
들장미_24
　뜨는 방법_81
떡갈나무 잎(대바늘)_43
　뜨는 방법_56
떡갈나무 잎(코바늘)_42
　뜨는 방법_89

ㄹ

라벤더_31
　뜨는 방법_58
러플_120-121
레몬_44
　뜨는 방법_56
레몬꽃_44
　뜨는 방법_57
레이지데이지_41
　뜨는 방법_68
롤드 로즈_25
　뜨는 방법_80
루드베키아_37
　뜨는 방법_49

ㅁ

만개한 장미_22
　뜨는 방법_68
머플러_118
메코놉시스_32
　뜨는 방법_72
무_45
　뜨는 방법_82
무당벌레_36, 41
　뜨는 방법_55
무화과_45
　뜨는 방법_105
무화과나무 잎_45
　뜨는 방법_99
물망초_33
　뜨는 방법_71
미나리아재비_38
　뜨는 방법_67

ㅂ

백일초_37
　뜨는 방법_88
보리지_32
　뜨는 방법_72
블랙베리_44
　뜨는 방법_60
블루벨_33
　뜨는 방법_58
비올라_31
　뜨는 방법_107
빨래집게 주머니_110-111

ㅅ

사과꽃_25
　뜨는 방법_83
산토리나_39
　뜨는 방법_86
수레국화(대바늘)_32
　뜨는 방법_58
수레국화(코바늘)_33
　뜨는 방법_107
수선화_38
　뜨는 방법_85
수첩_114
스노드롭_41
　뜨는 방법_51
스코틀랜드 엉겅퀴_28
　뜨는 방법_78

ㅇ

아기 카디건_116-117
아네모네_26
　뜨는 방법_60
아스파라거스_45
　뜨는 방법_64
아이리시 로즈_23
　뜨는 방법_79
아이리시 잎사귀_23, 36, 42
　뜨는 방법_88
앵초_28
　뜨는 방법_77
양치류 잎사귀_22, 33, 43
　뜨는 방법_91
올드패션드 핑크_26
　뜨는 방법_81
완두콩 깍지_44
　뜨는 방법_98
월계화_22
　뜨는 방법_63
은방울꽃_40

뜨는 방법_74
은행잎_42
　뜨는 방법_90

ㅈ

자주달개비_29
　뜨는 방법_71
작약_24
　뜨는 방법_62
작은 잎사귀_24, 26, 28, 32, 43
　뜨는 방법_51
장미_24
　뜨는 방법_61
장미 모양 장식_27
　뜨는 방법_102
장미봉오리(대바늘)_26
　뜨는 방법_61
장미봉오리(코바늘)_25
　뜨는 방법_80
장바구니_124–125
접시꽃_25
　뜨는 방법_53
제라늄_28
　뜨는 방법_76
주름 장미_22
　뜨는 방법_103

ㅊ

체꽃_33
　뜨는 방법_75
체리_45
　뜨는 방법_54

ㅋ

카네이션_23
　뜨는 방법_53
칼라_40
　뜨는 방법_57
캄파눌라_29
　뜨는 방법_59
캐모마일_40
　뜨는 방법_87
캐비지 로즈_25
　뜨는 방법_69
캔버스화_119
크리스마스 선물 포장_115
크리스마스로즈_39
　뜨는 방법_66
클레마티스_30
　뜨는 방법_52
클로브 카네이션_34
　뜨는 방법_55

ㅌ

털양귀비_35
　뜨는 방법_100
테이블 장식_122–123
토끼풀_42
　뜨는 방법_73
튤립_23
　뜨는 방법_52
튤립나무 잎_43
　뜨는 방법_97

ㅍ

패랭이_27
　뜨는 방법_104
팬지_30
　뜨는 방법_106
페리윙클_30
　뜨는 방법_75
페튜니아_31
　뜨는 방법_59
펠라르고늄_23
　뜨는 방법_83
포도_45
　뜨는 방법_76
포인세티아_34
　뜨는 방법_48
프리뮬라_39
　뜨는 방법_50
플로리번다 로즈_23
　뜨는 방법_53

ㅎ

해바라기(대바늘)_36
　뜨는 방법_63
해바라기(코바늘)_37
　뜨는 방법_96
핸드백_112–113
헬레늄_38
　뜨는 방법_86
호랑가시나무_35, 42
　뜨는 방법_100
호박벌_34
　뜨는 방법_85
후크시아_27
　뜨는 방법_104

저자 및 역자

저자 : 레슬리 스탠필드
대바늘뜨기와 코바늘뜨기의 전문가이다. 여러 여성 잡지에 프리랜서로 기사를 쓰고 있으며
《대바늘로 뜨는 테두리 장식(Knitted Edgings&Trims)》 등 대바늘뜨기와 코바늘뜨기에 대하여
여러 권의 책을 썼다. 현재 영국 휘스터블에서 생활하면서 작품 활동을 하고 있다.

역자 : 조진경
건국대학교 지리학과를 졸업하고 트랜스쿨 번역과정을 이수하였으며, 다양한 분야에 관심이 많다.
특히 실용서, 경제경영 분야에서 활발히 활동하고 있으며, 현재 번역에이전시 엔터스코리아에서 출판기획 및
전문번역가로 활동하고 있다. 역서로는 《클린(CLEAN)》,《유럽의 로맨틱 명소 101》,《리딩노트》,
《고객을 홀리는 팀장의 세일즈》,《트레이닝 캠프》 등이 있다.

손뜨개에 대해 더 알고 싶으세요?

- **한국손뜨개협회**(www.khka.org)에서는 알아두면 유익한 손뜨개 관련 정보와 기초 뜨개법에 대해 소개하고
  있습니다. 또한 자체적으로 운영하는 교육 과정과 손뜨개 관련 자격증인 편물 기술 자격 시험,
  편물 강사 자격 시험에 대해서 안내하고 있습니다.

- **손뜨개 관련 인터넷 카페**에 가입하면 손뜨개에 대한 정보를 나누고 서로의 작품을 감상할 수 있습니다.
  또한 손뜨개 용품 쇼핑몰에서는 손뜨개에서 필요한 재료와 다양한 뜨개실에 대해 보다 상세한 정보를 얻을
  수 있습니다.
  _ 네이버 카페 Knitting
    http://cafe.naver.com/enjoyknit

- 처음 손뜨개를 시작하는 초보자라면 직접 손뜨개를 배울 수 있는 곳을 찾아보세요.
  뜨개용품을 파는 뜨개방에서 간단한 뜨개법을 배울 수 있으며, 지역 문화센터에도 손뜨개 강좌가 마련되어
  있습니다.